América Latina y el Caribe:

ALBA: ¿Una nueva forma de Integración Regional?

Josette Altmann Borbón
(Editora)

América Latina y el Caribe:

ALBA: ¿Una nueva forma de Integración Regional?

teseo   OIRLA
Observatorio
Integración Regional
Latinoamericana

C Fundación
Carolina
CeALCI

FLACSO

América Latina y el Caribe: ALBA: ¿Una nueva forma de Integración Regional? / edición a cargo de Josette Altmann Borbón. - 1a ed. - Buenos Aires : Teseo; FLACSO; Fundación Carolina; OIRLA, 2011.
242 p. ; 20x13 cm. - (Relaciones internacionales)

ISBN 978-987-1354-81-8

1. Relaciones Internacionales. I. Altmann Borbón, Josette, ed.
CDD 327

FLACSO

© FLACSO, 2011

© OIRLA, 2011

teseo

© Editorial Teseo, 2011

Buenos Aires, Argentina
ISBN 978-987-1354-81-8

Editorial Teseo
Hecho el depósito que previene la ley 11.723

Para sugerencias o comentarios acerca del contenido de esta obra, escríbanos a: **info@editorialteseo.com**
www.editorialteseo.com

ÍNDICE

Presentación

La Secretaría General de la FLACSO desarrolla un espacio dedicado a la integración latinoamericana y caribeña, temática cuyos análisis, debates y generación de conocimientos son constantemente promovidos por la institución, ya que la integración es una herramienta para alcanzar metas políticas, económicas, sociales y culturales. Además, es parte de la misión de la facultad. La integración continúa siendo, ante todo, una aspiración fundamental de los gobiernos y de los pueblos de la región. Producir avances requiere superar las diferencias de cada coyuntura particular. El proceso gradual de acercamientos y la cooperación creciente entre los Estados latinoamericanos y caribeños para crear nuevos vínculos y medidas de confianza permitirán, finalmente, llevar a buen puerto el proceso de integración regional como instrumento esencial para su desarrollo.

El presente documento forma parte de una colección de libros que recoge los análisis, recomendaciones y propuestas de altas personalidades del mundo político y académico, referentes a diversos ámbitos de relevancia para el desarrollo y la integración de la región, como lo son los más novedosos mecanismos de integración latinoamericana y caribeña, la importancia de la concertación regional, la gobernabilidad y la convivencia democrática, y la cooperación Sur-Sur y triangular.

La Secretaría General de la FLACSO está convencida de que una de las mejores formas para salir del escepticismo y del pesimismo y avanzar en la integración regional es la generación de conocimiento y de masa crítica, de propuestas, sugerencias e informes sobre lo que acontece en este campo, y así proveer a los tomadores de decisión, a los especialistas y a los organismos e instituciones encargadas, los mejores conocimientos y herramientas para respaldar sus decisiones. En este sentido, la FLACSO reafirma su rol de puente entre el mundo académico e intelectual y la política pública.

Se agradece especialmente a la Fundación Carolina por su generoso apoyo por medio del Centro de Estudios para América Latina y la Cooperación Internacional (CeALCI), que hizo posibles las diferentes actividades que logran recopilar mucho del material expuesto en esta obra. También queremos expresarles nuestro agradecimiento a los y las participantes de este estudio, por las contribuciones, visiones y conocimientos expuestos sobre el ALBA. Un agradecimiento especial va dirigido a la asistente de investigación Tatiana Beirute Brealey, por sus aportes y por su abnegado trabajo en las actividades que han permitido compilar, editar y producir este libro *América Latina y el Caribe: ALBA, ¿una nueva forma de integración regional?*, y otros materiales sobre el ALBA.

Francisco Rojas Aravena

Secretario General de FLACSO

INTRODUCCIÓN

Cuando se hace referencia a la integración latinoamericana y caribeña no puede obviarse al ALBA. La alianza creada entre los países que la conforman se expresa en los distintos foros e iniciativas de integración regional. Cabe entonces preguntarse si el ALBA produce mayor o menor gobernabilidad en la dinámica de la integración. Las respuestas pueden variar de acuerdo al prisma con que se analicen –negativa o positivamente–, pero lo que no se puede obviar es la importancia que da el ALBA a la integración regional. Paradójicamente, por una parte busca fortalecer la integración, mas al mismo tiempo la fuerte impronta ideológica de su discurso termina por "ideologizar" las reuniones y cumbres presidenciales creando una mayor fragmentación en la región.

Es por ello que, desde el año 2007, la Secretaría General de la FLACSO le ha dado seguimiento a esta nueva propuesta política y de integración que, en sus inicios, fue concebida como Alternativa Bolivariana de los Pueblos de Nuestra América (ALBA). ALBA se autodefine como una opción latinoamericana que lucha por la autodeterminación y la soberanía de los pueblos de la región, en especial, frente a lo que ellos denominan "políticas imperialistas de los Estados Unidos". A lo largo de estos seis años pasó de ser una alternativa propuesta por sus fundadores –Venezuela y Cuba–, a lo que reseña su cambio de nombre durante la VI Cumbre Extraordinaria del ALBA, celebrada el 24 de junio de 2009, en Maracay, Venezuela, una alianza político-ideológica con un papel importante en las decisiones y posiciones que se toman respecto a la agenda latinoamericana. En la actualidad y después de la salida de Honduras, luego del golpe de Estado sufrido en ese país, cuenta con ocho países miembros: Venezuela, Cuba, Bolivia, Nicaragua, Dominica, Ecuador, Antigua y Barbuda, San Vicente y las Granadinas.

El ALBA se ha logrado consolidar no sólo como alianza política en la región, sino también como espacio para la convergencia de diversos movimientos sociales latinoamericanos, donde señala estar construyendo una estrecha relación con la sociedad civil por medio de la creación del Consejo de Movimientos Sociales del ALBA, aprobado en la Cumbre del ALBA celebrada en abril de 2007. En octubre de 2009, se realizó la Primera Cumbre del Consejo de Movimientos Sociales del ALBA-TCP, en Cochabamba, Bolivia, donde se establecieron los principios que fundamentan a ese Consejo:

a) Es un espacio inclusivo, abierto, diverso y plural, a partir de la identificación con los objetivos y principios del ALBA-TCP; b) es un espacio para compartir y desarrollar agendas comunes que beneficien a los pueblos, sin convertirnos en un espacio para dirimir disputas y representaciones políticas; c) es un espacio para fortalecer posiciones políticas económicas y sociales, sin convertirnos en un foro o asamblea de actuación social, que reconoce los espacios de articulación existentes; d) significa el compromiso de la plena identificación con los principios generales que definen el ALBA-TCP como proceso de integración; f) expresa la legitimidad y representación real de los movimientos sociales que se integran; g) en países miembros, sostener permanente diálogo e interrelación con sus respectivos gobiernos; h) cada Coordinación Nacional en los países miembros del ALBA-TCP, definirá sus propias dinámicas de actuación y de relacionamiento con sus gobiernos; i) en países miembros del ALBA-TCP, los vínculos de las organizaciones sociales con el CMS, se desarrollarán a través de las Coordinaciones Nacionales; j) integrar el enfoque de género, reconociendo el legítimo derecho de la participación de la mujer en los movimientos sociales con equidad, igualdad real y justicia social.[1]

La viabilidad e inclusión de este Consejo es cuestionada por varios académicos que trabajan el tema de la sociedad civil, pero lo cierto es que el espacio existe y vale la pena darle seguimiento.

Uno de los temas que genera más controversia con el ALBA son las posiciones antiimperialistas de estos países, que se traducen en rechazar de manera discursiva todas las propuestas que provengan de Estados Unidos, así como las políticas económicas y comerciales relacionadas con los tratados de libre comercio (TLC). Con base en esto, cabe preguntarse si el ALBA genera inestabilidad regional producto de este tipo de confrontaciones con EE.UU. y con aquellos países de la región que tienen mayor cercanía con esa nación.

En lo que respecta a las disputas del ALBA con Estados Unidos, todo indica que, más allá del discurso, las acciones que toma son muy reducidas. Hasta el momento, ninguno de los países del ALBA ha roto relaciones con este país, y más aun, mantienen importantes intercambios comerciales con EE.UU., como es el caso de Venezuela con el petróleo. Si bien en la práctica no hay consecuencias observables, no puede obviarse que el enfrentamiento discursivo genera obstáculos para los avances de la integración, especialmente la política, en la medida en que en cada reunión o cumbre se termina por dedicar mucho tiempo a este tipo de

---

[1] Primera Cumbre del Consejo de Movimientos Sociales del ALBA-TCP (2009), *Manifiesto general de la primera cumbre de consejos de movimientos sociales del ALBA-TCP*, 15 a 17 de octubre de 2009. Disponible en línea: www.alianzabolivariana.org

confrontaciones, lo que produce importantes desviaciones de los temas que en principio reúnen a los mandatarios, mandatarias y jefes de gobierno.

En lo referente a temas comerciales, los países miembros del ALBA –con la excepción de Nicaragua– sí han mostrado acciones concretas en contra de los tratados de libre comercio. Venezuela se retiró de la Comunidad Andina de Naciones cuando el bloque habló de negociar un TLC con Estados Unidos; y Bolivia y Ecuador se negaron a negociar un TLC con la Unión Europea, lo que obligó a que el bloque europeo tuviera que establecer negociaciones bilaterales con Colombia y Perú. Respecto a Nicaragua, este país mantiene vigente su TLC con Estados Unidos y firmó en 2010, junto con el resto de los centroamericanos, el Acuerdo de Asociación con la Unión Europea. La propuesta del Tratado de Comercio de los Pueblos en contraposición a los TLC, así como las formas alternativas de cooperación que considera este mecanismo, no han logrado concretarse en una oferta, en una propuesta o en un tratado que sustituya a los tradicionales TLC en la región.

Más allá del análisis que pueda hacerse y de los interrogantes respecto a si el ALBA es un mecanismo de integración regional o un mecanismo multilateral de cooperación; de la viabilidad y de los recursos del ALBA; de la asimetría entre Venezuela y los demás miembros del ALBA; de las numerosas ambigüedades y contradicciones entre el discurso y el efectivo cambio en las normas; de la falta de información disponible sobre los financiamientos y cooperaciones que realiza ALBA entre sus Estados miembros; lo cierto es que no puede obviarse el fuerte impacto de esta propuesta y las enormes cantidades de recursos que se han destinado a los nuevos escenarios de cooperación vía Petrocaribe, el Banco del ALBA y los Proyectos y Empresas Grannacionales.

Algunos de sus detractores acusan al ALBA de acciones y financiamientos con los cuales el ALBA declara no tener relación. Un ejemplo de esto es el de las denominadas "casas del ALBA" en Perú, que son instituciones que facilitan diversos servicios a la población –como los oftalmológicos– y que han sido señaladas por parte de grupos peruanos de ser una forma de infiltración política de Venezuela. Sin embargo, el gobierno venezolano ha expresado que estas "casas del ALBA" no son financiadas ni por Venezuela ni por el ALBA.

En suma, las ambigüedades y las contradicciones llevan a que las definiciones respecto del ALBA, su papel como coalición y pacto político, y su rol en la integración latinoamericana y caribeña, no son fáciles de explicar. El discurso que rodea al ALBA no deja de ser polémico, y es por ello que este libro entrega una visión amplia y plural para facilitar la comprensión de esta iniciativa.

El *profesor-investigador del Centro de Estudios de Fronteras e Integración de la Universidad de los Andes de Venezuela, José Briceño Ruiz,* analiza al ALBA como propuesta de integración. Argumenta que, a pesar de su corta existencia, esta iniciativa ha sufrido un veloz proceso de transformación de una alternativa al ALCA a un modelo de integración antiimperialista y anticapitalista, promovido por lo que en la teoría de las relaciones internacionales se conoce como Estados revolucionarios. El solo cambio de significado de sus siglas evidencia este proceso, pues de la expresión original "Alternativa Bolivariana para las Américas" (el primer significado de la sigla ALBA), se ha pasado a la "Alianza Bolivariana de los Pueblos de América". En este capítulo se analiza esta evolución del proceso de formación del ALBA y el contenido de sus propuestas, como los Tratados de Comercio de los Pueblos, los Proyectos Grannacionales y las Empresas Grannacionales, el Banco del ALBA y el SUCRE. Por último, presenta una visión crítica del modelo de integración del ALBA, considerando sus logros y sus limitaciones.

Para *Josette Altmann Borbón, Coordinadora Regional de Cooperación Internacional de FLACSO,* los países del ALBA saben que la propensión a la integración es algo manifiesto en América Latina y el Caribe. La integración regional es esencia para el ALBA. No obstante ello, existen dificultades para dar un salto cualitativo que dejan a la región con menos oportunidades para afrontar problemas comunes y con mayores dificultades para hacer frente de manera asociativa a los desafíos subregionales, regionales y globales en ámbitos como la inequidad, la pobreza, la seguridad, el cambio climático, las pandemias y otras amenazas emergentes. Este artículo analiza diferentes temáticas examinando la forma en que los países del ALBA han promovido una alianza distinta en América Latina, donde buscan diversificar las relaciones internacionales abriendo y privilegiando el trato con diferentes países. Una de las consecuencias de ello radica en que a nivel político las diferencias se hacen más evidentes en una ya de por sí fragmentada y desconfiada región. Es en este contexto que el ALBA pasa de ser una alternativa de integración a una alianza político-ideológica, con un papel importante en las decisiones y posiciones que se toman respecto a la agenda latinoamericana. Tiene fuerza para incidir en la región pero no para decidir. Su poder de veto, sus posiciones –normalmente– monolíticas, y capacidad de consolidarse como mecanismo de concertación política para atender temas de alcance regional y global, tienen efectos positivos y negativos respecto a la integración regional.

Siguiendo la línea de análisis del papel del ALBA en la integración regional, se presenta el trabajo de *Antonio Romero, Director de Relaciones para la Integración y Cooperación de la Secretaría Permanente del Sistema Económico Latinoamericano y del Caribe (SELA),* cuyo propósito es realizar un análisis de los retos de la integración y cooperación en América Latina y el Caribe (ALC)

en la actualidad, al tiempo que explora los avances que
en los últimos tiempos muestra el proyecto de la Alianza
Bolivariana para los Pueblos de Nuestra América-Tratado
de Comercio de los Pueblos (ALBA-TCP). Por ello, el trabajo se estructura en tres partes. En el primer epígrafe se
describen algunos de los desafíos que evidencia la integración regional en la actualidad, para lo cual se plantean las
principales limitaciones que históricamente han lastrado
los diversos intentos por conformar espacios integrados
entre los países de ALC, desde la perspectiva de los análisis y propuestas que ha venido realizando la Secretaría
Permanente del SELA. En un segundo epígrafe se resume
la evolución del proyecto ALBA-TCP, haciéndose especial
énfasis en los avances que en términos institucionales,
para el cumplimiento de los compromisos, muestra el
grupo después de cinco años de fundado, así como las
iniciativas que en el terreno monetario y financiero se han
desarrollado en el marco del ALBA-TCP. Al final se resumen algunos elementos, que de acuerdo al autor y dada la
naturaleza del proyecto ALBA-TCP así como las disímiles
condiciones –no sólo económicas sino también políticas
y sociales– que existen entre sus miembros; constituyen
factores a considerar a la hora de evaluar los retos que
implica la consolidación y el desarrollo de este proyecto
de integración.

Resulta interesante analizar la forma en que se manifiesta el ALBA con respecto a temas de coyuntura. Sobre
esto *José Ángel Pérez, del Centro de Investigaciones de la
Economía Mundial (CIEM) de Cuba,* analiza los impactos
de la crisis financiera internacional en América Latina, para
luego prestar atención particularmente a cómo afectó esta
crisis a los países del ALBA a la forma distinta en que estos
optaron por enfrentarla, que se deriva de los principios de
funcionamiento del ALBA que relativizan el rol del mercado
y le otorgan prioridad a la complementariedad, la ventaja

mutua, la cooperación, la solidaridad, el desarrollo social y la solución de los problemas regionales y globales de todos sus miembros. Seguidamente, el autor pasa a explicar cómo a pesar de la profundidad de dos años de crisis, el ALBA no ha detenido el impulso integracionista, planteando que más bien se ha fortalecido, y analiza algunos de sus logros. Esta publicación termina con un análisis que relaciona la teoría de la integración regional con la evolución del ALBA. *El Profesor-Investigador del Programa de FLACSO Cuba, Eugenio Espinosa,* analiza cómo con poco tiempo de existencia el ALBA ya exhibe logros fundamentales, principalmente en la dimensión social del proceso integracionista, en su institucionalidad y en sus proyectos productivos. A su vez, ha tenido que enfrentar y enfrenta desafíos de consideración en el futuro cercano y de largo plazo, que ponen en riesgo su desarrollo y capacidad de reproducción. Por ser un proceso de integración regional que desafía postulados en la teoría y en la práctica, establecidos a partir de otras experiencias, resulta necesario realizar un doble análisis: una breve revisión de las teorías y la práctica de la integración regional, y exponer la evolución del ALBA, sus antecedentes, logros, factores determinantes, desafíos y perspectivas.

Josette Altmann Borbón

Coordinadora Regional de Cooperación Internacional.

FLACSO Secretaría General

Curridabat, San José, agosto de 2010

El ALBA COMO PROPUESTA DE INTEGRACIÓN REGIONAL

José Briceño Ruiz[2]

En diciembre de 2001, durante su discurso en la reunión de Jefes de Estado y de Gobierno de la Asociación de Estados del Caribe (AEC), el presidente venezolano Hugo Chávez, propuso a sus colegas caribeños la promoción de una Alternativa Bolivariana para las Américas (ALBA), como una opción de integración regional distinta a la formulada por Estados Unidos en el Área de Libre Comercio de las Américas (ALCA). La propuesta de Chávez no tuvo mayor definición y durante los años siguientes no adquirió mayor relevancia. Sin embargo, el cambio en el escenario político regional a partir de 2003, con el ascenso al poder de gobiernos con un discurso y una práctica política de ruptura de lo existente en los años de la hegemonía neoliberal, dio un nuevo ímpetu a la propuesta de Chávez.

Este proceso de cambios ya se había iniciado en Venezuela en 1999, cuando el gobierno establece una cercana relación con Cuba, que luego de 2004 amplía a Bolivia, Nicaragua y Ecuador. Estos gobiernos manejan un lenguaje similar, que en el plano interno propone una ampliación de los canales democráticos para transitar de la democracia tradicional, que describen como representativa, a una democracia participativa. En el ámbito económico, plantean una ruptura con las políticas del Consenso de Washington

---

[2]   Profesor-investigador del Centro de Estudios de Fronteras e Integración de la Universidad de los Andes, Venezuela.

y un enfrentamiento al neoliberalismo. Definen como su objetivo principal en materia económica la reducción de la pobreza y las desigualdades existentes en la región. En el plano internacional, proponen un enfrentamiento con los centros de poder mundial, en particular con Estados Unidos, rescatando las consignas antiimperialistas abandonadas en la región en la década final del siglo XX. El ALBA no es sino la expresión en el ámbito de la integración regional de estos cambios políticos, cuyo énfasis es la lucha contra la pobreza, la justicia social y la lucha antiimperialista a través de un nuevo modelo de integración basado en la solidaridad, la complementación y la concertación. En este marco, el ALBA nace como una propuesta para enfrentar el modelo de integración en el cual se inspiró el ALCA (y posteriormente los tratados bilaterales de libre comercio o TLC), que rechaza la lógica de liberalización de los mercados y la subordinación de lo económico a lo político.

En este artículo se analiza al ALBA como propuesta de integración. Se argumenta que, a pesar de su corta existencia, esta iniciativa ha sufrido un veloz proceso de transformación de una alternativa al ALCA a un modelo de integración antiimperialista y anticapitalista promovida por lo que en la teoría de las relaciones internacionales se conoce como Estados revolucionarios. El solo cambio de significado de sus siglas evidencia este proceso, pues de la expresión original "Alternativa Bolivariana para las Américas" –el primer significado de la sigla ALBA–, se ha pasado a la Alianza Bolivariana de los Pueblos de América.[3]

---

[3]   Oficialmente la sigla ALBA fue utilizada en varios documentos publicados por el gobierno venezolano entre 2003 y 2005, y su significado era Alternativa Bolivariana para las Américas. En 2006, cuando Bolivia ingresa al bloque, se agrega Tratado de Comercio de los Pueblos (TCP) a la sigla original, por lo cual el proceso comienza a denominarse ALBA-TCP. En la Cumbre de Presidentes realizada en junio de 2009, la expresión Alternativa fue sustituida por Alianza.

En este ensayo se analiza esta evolución del proceso de formación del ALBA y el contenido de sus propuestas para luego examinarlo como modelo de integración.

1. Un breve recuento de la formación del ALBA[4]

La Alternativa Bolivariana para las Américas fue anunciada por el presidente venezolano en diciembre de 2001, en el marco de la III Cumbre de Jefes de Estado y de Gobierno de la Asociación de Estados del Caribe (AEC), realizada en Isla de Margarita, Venezuela. En su discurso Chávez expresó:

Queremos un modelo que nos integre de verdad. No un modelo que nos desintegre, que integre a unos a expensas de la desintegración de otros, ese no puede ser el camino. Proponemos desde Venezuela a los caribeños y a los latinoamericanos que vayamos pensando de una buena vez, en otra alternativa [...]. Creo que pudiéramos comenzar a discutir sobre lo que pudiera llamarse el ALBA, casi ALCA, pero con B, Alternativa Bolivariana para las Américas. Un nuevo concepto de integración que no es nada nuevo. Ciertamente la integración para nosotros es vital. O nos unimos o nos hundimos. Escojamos pues las alternativas.[5]

Antes de esa fecha, el gobierno venezolano había promovido, sin obtener mayor apoyo en la región, la idea de

---

[4] Esta sección es una versión ampliada de lo ya expuesto en Briceño Ruiz, José (2009), "El ALBA y el MERCOSUR en la agenda de integración de Venezuela: ¿son compatibles?", en Briceño Ruiz, José y Carolina Mendoza (editores), *Cambio y permanencia en la agenda de integración de América del Sur*, Barquisimeto, Venezuela, Universidad Centroccidental Lisandro Alvarado.

[5] Chávez, Hugo (2001), Concepción del ALBA. Discurso en la III Cumbre de Jefes de Estado y de Gobierno de la Asociación de Estados del Caribe, Isla de Margarita, 11 y 12 de diciembre de 2001, República Bolivariana de Venezuela, Ministerio de Relaciones Exteriores, Libro Amarillo, Documentos.

crear una comunidad latinoamericana de naciones, a través de una Confederación de Estados Latinoamericanos, que se convirtiese en un polo de poder mundial. Este objetivo fue establecido en el Programa de Gobierno de Chávez para el periodo 2001-2007, en el que indica que "el sueño bolivariano de constituir la gran Confederación de Naciones mestizas del continente aún tiene vigencia. No es utopía. Se torna más bien una necesidad fundamental para darle solidez y consistencia a todas y cada una de las naciones de nuestro entorno político, cultural y geográfico."[6]

Igualmente, antes del discurso en la Cumbre de AEC, el gobierno venezolano había desarrollado una "diplomacia petrolera" para incrementar sus lazos con los países del Caribe. Así, el 19 de octubre de 2000 se suscribió el Acuerdo Energético de Caracas entre Venezuela y once países de América Central y el Caribe. En éste, Venezuela se comprometía a suministrar crudo, refinados y GLP a los países signatarios por la cantidad de 80.000 barriles diarios o sus equivalentes energéticos. Venezuela otorgaba un financiamiento de hasta quince años para la amortización de capital con un periodo de gracia de pagos de hasta un año y una tasa de interés del 2%.[7] Esto en sí no era innovador, pues ya desde la década de 1980 existía el Acuerdo de San José, a través del cual México y Venezuela vendían igualmente petróleo en condiciones preferenciales. Lo innovador del Acuerdo de Caracas era el interés de incluir a Cuba entre los países beneficiarios. Días después, el 30 de octubre de 2000, Fidel Castro visitó Caracas para suscribir el Acuerdo Integral de Cooperación entre la República de Cuba y la

---

[6]　Ministerio de Planificación y Desarrollo (2001), *Programa de Gobierno de Hugo Chávez, Equilibrio Internacional*. Disponible en línea: www.mpd.gov.ve/prog-gob/prog?gob2/e?internacionak.htm (consulta: 17 de mayo de 2005).

[7]　Acuerdo de Cooperación Energética de Caracas (2000), Artículos primero y cuarto, octubre de 2000.

República Bolivariana de Venezuela, en el que Venezuela se comprometió a proveer a Cuba crudos y derivados de petróleo, hasta por un total de 53.000 barriles diarios. En el acuerdo se estableció un financiamiento a corto plazo con una tasa de interés de 2% *flat* aplicable a noventa días contados desde el día del conocimiento de embarque. También se fijó un financiamiento a largo plazo de quince años con dos años de gracia.[8]

Sin embargo, estos acuerdos nunca se plantearon como parte de un proyecto de integración regional, sino como un proceso de acercamiento entre los gobiernos de La Habana y Caracas. Este proceso se incrementa a partir de 2003, cuando con la asesoría del gobierno cubano, la administración de Chávez lanzó sus programas sociales conocidos como Misiones. Cuba envió médicos y asesores en el área de alfabetización que fueron importantes en el éxito inicial de estos programas. No obstante, tampoco esta cooperación se concebía como parte de una iniciativa de integración o incluso como parte del ALBA, que ya se incluía en el escenario integracionista de la región.

Por ello, en este artículo se argumenta que el ALBA ha tenido varias etapas en su aún breve existencia. En sus orígenes fue una propuesta poco concreta, que simplemente buscaba enfrentar al ALCA. Así, por ejemplo, durante el año 2002 no se produjeron documentos públicos en los cuales se delimitase el contenido del ALBA. La razón al parecer radica en el hecho de haber sido concebida por el mismo presidente Chávez. Esto fue incluso reconocido por el mismo primer mandatario venezolano en abril de 2006, en un encuentro con los presidentes de Cuba, Fidel Castro y de Bolivia Evo Morales. Allí Chávez comentó:

---

[8]   Convenio Integral de Cooperación entre la República de Cuba y la República Bolivariana de Venezuela (2000), Artículo III, anexo II, Caracas, 30 de octubre de 2000.

Fue en el 2001, yo recuerdo que esa noche hablamos mucho; era el 10 de diciembre de 2001, llegó Fidel a la Isla de Margarita, a aquella Cumbre de los Estados del Caribe; pero ya en Venezuela había comenzado la agresión imperialista contra la Revolución, era aquel diciembre de 2001: las amenazas de paros patronales, las amenazas de desestabilización, de golpe de Estado. Y ese día surgió, después de aquella conversación, la idea de proponer una cosa nueva y como estaba amaneciendo se nos ocurrió decir: "El ALBA", el ALBA, el amanecer, y además un juego de palabras ¿no? El ALBA... contra el ALCA el ALBA y luego comenzamos, yo recuerdo que Fidel... yo hablé del ALBA allá, a los tres días me llegó una solicitud a Caracas: "Hugo, envíame por favor los fundamentos del ALBA", ¿qué fundamentos del ALBA? Si de eso no había nada, no había nada.[9]

En sus orígenes el ALBA era un componente en la lucha contra el modelo del ALCA, respecto al cual Chávez ya había manifestado sus reservas en la III Cumbre de la Américas, realizada en Quebec, Canadá, en abril de 2001. Ahora bien, tanto en Quebec como en su discurso en la Cumbre de la AEC, Chávez no se opuso en sí a la integración con Estados Unidos, sino que planteó un acuerdo que fuese más justo, en el cual todos ganasen y que no se limitase sólo a una agenda comercial. Esta posición que podemos describir como de "crítica pero no rechazo" a la iniciativa estadounidense del ALCA, se mantuvo incluso hasta la Cumbre Extraordinaria de las Américas, realizada en Monterrey, en enero de 2004.

La lectura de la Declaración de Quebec y el Plan de Acción permiten delimitar la estrategia del gobierno de Chávez en ese momento. Es bien conocido que Venezuela hizo reservas a los párrafos uno y seis de la Declaración

---

[9]   Firma de acuerdos en el marco del ALBA entre Bolivia, Cuba y Venezuela (2006), *Rueda de prensa*, Palacio de Convenciones, La Habana, Cuba, sábado 29 de abril de 2006.

de Quebec, por no incluir el concepto de *democracia participativa*, promovida por Caracas. De igual manera se reservó el párrafo quince de la Declaración y el artículo 6-A del Plan de Acción, ambos referidos a la conclusión de las negociaciones en el año 2005. Al margen de esto, el gobierno venezolano suscribió la Declaración. Sin embargo, en el párrafo catorce de esta última se señala:

> Acogemos el progreso significativo logrado hasta la fecha para el establecimiento de un Área de Libre Comercio de las Américas (ALCA), incluyendo la elaboración de un borrador preliminar del Acuerdo ALCA. Tal como se acordó en la Cumbre de Miami, el libre comercio, sin subsidios ni prácticas desleales, acompañado de flujos crecientes de inversión productiva y de una mayor integración económica, favorecerá la prosperidad regional, permitiendo elevar los niveles de vida, mejorar las condiciones laborales de los pueblos de las Américas y proteger mejor el medio ambiente.[10]

En esta parte de la Declaración de Quebec se resume en buena medida el enfoque de integración predominante aún en ese entonces en el continente. A pesar de ello, el gobierno venezolano no se reservó este párrafo que expresaba un notorio compromiso con el libre comercio.

A partir de la radicalización del conflicto político en Venezuela entre 2002 y 2004, y las denuncias de apoyo de Estados Unidos a la oposición venezolana, la posición crítica frente al ALCA se radicalizó y el ALBA se convirtió en el mecanismo para promover otra integración. Ya en la Cumbre Extraordinaria de las Américas, realizada en enero de 2004 en Monterrey, se observa este cambio, pues al igual que en la Cumbre de Quebec, Venezuela hizo reservas a la Declaración Final, aunque en términos muy distintos:

---

[10] Cumbre de las Américas (2001), *Declaración de Quebec*, II Cumbre de las Américas, abril de 2001. Disponible en línea: www.summit-americas.org

Venezuela se reserva el párrafo relativo al ALCA, por motivos principistas y diferencias profundas acerca del concepto y la filosofía contenidos en el modelo propuesto, así como por el tratamiento dado a las materias específicas y a los plazos establecidos. Ratificamos nuestro compromiso con la consolidación de un bloque regional y de comercio justo, como base para fortalecer los niveles de integración. Este proceso debe considerar las especificidades culturales, sociales y políticas de cada país; la soberanía y constitucionalidad; el nivel y tamaño de sus economías para garantizar un trato justo.[11]

En 2003, el gobierno venezolano publica una serie de documentos en los cuales ya comenzaba a delimitarse el contenido del ALBA. Como propuesta alternativa al ALCA, se planteaban medidas concretas en temas como la propiedad intelectual, los servicios, las inversiones, las compras gubernamentales. El enfoque que inspiraba estas propuestas estaba bastante distanciado de la flexibilización implícita en el "modelo ALCA" de integración. Al final de esta etapa, al menos en el discurso oficial, se intentó articular el ALBA con la propuesta de desarrollo endógeno. Este giro en la conceptualización era expresión del cambio que se estaba dando en la concepción del modelo económico de la "revolución bolivariana", que a partir del año 2003 adoptaba las propuestas neoestructuralistas de desarrollo endógeno, en línea con las ideas de Osvaldo Sunkel.[12] Ahora bien, como señala Margarita López Maya,[13] Sunkel concibió el desarrollo endógeno para explicar el reto que

---

[11]   Cumbre de las Américas (2004), *Declaración de Nuevo León*, Cumbre Extraordinaria de las Américas, enero de 2004. Disponible en línea: www.summit-americas.org

[12]   Sunkel, Osvaldo (1995), *El crecimiento desde dentro. Un enfoque neoestructuralista para América Latina*, México, Fondo de Cultura Económica.

[13]   López Maya, Margarita (2008), "Venezuela, Hugo Chávez y el bolivarianismo", en *Revista Venezolana de Economía y Ciencias Sociales*, vol. 14, núm. 3, septiembre-diciembre, p. 65.

debían enfrentar las economías latinoamericanas para superar el modelo de sustitución de importaciones. En este contexto, el desarrollo endógeno era un modelo de desarrollo en el cual se permitiese una más amplia utilización de los recursos internos en el proceso de diversificación productiva, la cual debía estar acompañada por una mayor difusión del progreso técnico.

En este marco, el gobierno venezolano comenzó a fomentar los núcleos de desarrollo endógeno. Éstos, sin embargo, son distintos a la propuesta de Sunkel, pues son concebidos como instrumentos para solucionar problemas sociales inmediatos, como la formación para el trabajo, y abrir oportunidades de empleo en el sector industrial manufacturero y agrario dentro de la concepción de la democracia participativa.[14] Por ello, como señala esta destacada especialista venezolana, "el término cepalino es más bien un préstamo discursivo, de impacto simbólico, pero usado desde una visión operativa para disminuir el agudo déficit de empleo e ingresos de los sectores populares".[15]

Esta particular concepción del desarrollo endógeno, no obstante, sirvió de base para justificar la articulación entre el ALBA y este enfoque del desarrollo económico que a nivel nacional impulsaba el gobierno de Chávez. En los documentos existentes sobre el ALBA no se explica de manera precisa cómo se produciría la articulación entre la integración en el ALBA y el desarrollo endógeno. La literatura sobre el tema tampoco es clara. En el documento "¿Qué es la Alternativa Bolivariana de las América?",[16] por ejemplo, se señala que "los grandes acuerdos de integración deberían quedar por el contrario supeditados a los objetivos

---

[14]   *Ibíd.*, p. 65.
[15]   *Ibíd.*, p. 66.
[16]   "¿Qué es la Alternativa Bolivariana de las América?" (2005), en Correa, Rafael (compilador), *Construyendo el ALBA. Nuestro Norte es el Sur,* Caracas, Parlamento Latinoamericano, p. 26.

del desarrollo endógeno". No obstante, no se explica cuáles son estos objetivos y cuáles son los mecanismos para lograr tal supeditación. En vez de ello, se propone desarrollar una alterativa basada en la solidaridad, en la cual los países más débiles sean ayudados a superar las desventajas que los separan de los países más ricos del hemisferio.[17] Incluso, en un trabajo colectivo publicado por el Instituto de Altos Estudios Diplomáticos Pedro Gual del Ministerio de Relaciones Exteriores de Venezuela, dedicado al estudio de la integración latinoamericana, se señala que "el planteamiento del desarrollo endógeno lleva implícita la idea de superar las desigualdades y asimetrías existentes en el interior de las naciones de menor desarrollo, y las prevalecientes en el ámbito del sistema económico mundial".[18]

Ciertamente, en el enfoque de Sunkel la lucha contra la pobreza y la desigualdad es fundamental para lograr un exitoso desarrollo endógeno, pero en esencia, éste se alcanza mediante "nuevas formas de gestión y regulación estatal, así como también la innovación y la industrialización, y la participación de la sociedad para lograr una mejor articulación del desarrollo económico, social, político y cultural".[19] Además, según Sunkel, para poder desarrollar las capacidades endógenas es crucial incrementar la capacidad exportadora de un país. En palabras de Sunkel:

> (...) el verdadero tránsito del subdesarrollo al desarrollo es que el país haya adquirido la capacidad endógena de desarrollarse por sí mismo. Esto en términos de economistas quiere decir que debemos tener capacidad de producción

---

[17]   Ibíd., p. 26.

[18]   Instituto de Altos Estudios Diplomáticos Pedro Gual (2007), *Fundamentos filosóficos de la integración del Sur*, Caracas, Instituto Pedro Gual, p. 22.

[19]   Ramírez, Edgardo (2007), "Los aportes del pensamiento integracionista latinoamericano al desarrollo de América Latina", en *Revista Venezolana de Estudios Internacionales*, Universidad Central de Venezuela, Venezuela, primer semestre de 2006, Vadell Hermanos Editores CA, p. 111.

de bienes de producción, producción de máquinas que produzcan máquinas, insumos, bienes de consumo sofisticado, todas esas cosas que importamos. Pero para poder importarlas tenemos que exportar, y para no depender solamente de uno, dos o tres productos, tenemos que diversificar nuestras exportaciones, porque en verdad nuestras exportaciones son nuestras industrias de bienes de capital y nuestra capacidad de innovación tecnológica; nuestra exportación es nuestra industria de bienes de capital.[20]

El tema es que en la mayoría de las iniciativas desarrolladas en el marco del ALBA entre 2003 y 2004, la cuestión de la promoción de las exportaciones o incluso la posibilidad de promover cadenas productivas (otra idea propia del enfoque del desarrollo endógeno), eran prácticamente inexistentes. Así como en el plano interno, en el internacional también se acudía a lo que señaló López Maya: se usó al desarrollo endógeno desde una visión operativa para justificar un modelo de integración que se propusiese en lo esencial atender los problemas de pobreza y desigualdad en la región.

La nueva etapa en la delimitación conceptual del ALBA se inicia a fines de 2004, luego de la abrumadora victoria de Chávez en el referéndum revocatorio realizado en agosto de ese año. Es a partir de ahí, cuando Chávez adopta una actitud de mayor y abierto enfrentamiento con Estados Unidos, al que comienza a describir como imperio, radicalizándose además el discurso antineoliberal e incluso sustituyéndose por una prédica anticapitalista y a favor de construir un modelo económico descrito como "Socialismo del Siglo XXI". Esto tuvo incidencia en el proceso de delimitación conceptual del ALBA. Las propuestas alternativas al ALCA

---

[20] Sunkel, Osvaldo (2005), "Es endógeno o no es desarrollo", Ponencia presentada en la IV Cumbre de la Deuda Social, Caracas, *Edición de la Revista de economía popular desde dentro*, año 1, núm. 1, septiembre-octubre, p. 29.

de 2003 dejaron de ser tema de discusión. Además se quiso ir más allá del desarrollo endógeno. Se comenzó un debate sobre un nuevo tipo de integración, una propuesta de tipo cultural, política y económica para resolver los problemas de la región.

El momento crucial de este giro se produce en diciembre de 2004, cuando reunidos en La Habana, Fidel Castro y Hugo Chávez, relanzan la iniciativa del ALBA, convirtiéndola en más que una simple alternativa al ALCA. Ciertamente, este tema es aún parte de las discusiones del encuentro e incluso ocupa buena parte de su Declaración Final. No obstante, en ella comienza a describirse al ALBA como una nueva forma de integración. Al respecto se asevera: "El ALBA tiene por objetivo la transformación de las sociedades latinoamericanas, haciéndolas más justas, cultas, participativas y solidarias y que, por ello, está concebida como un proceso integral que asegure la eliminación de las desigualdades sociales y fomente la calidad de vida y una participación efectiva de los pueblos en la conformación de su propio destino".[21]

En el cuadro 1 se describen los principios y bases cardinales aprobadas en la Declaración Conjunta firmada por Castro y Chávez en la citada cumbre de diciembre de 2004. Se observa que aunque algunas de las propuestas continúan siendo desarrolladas a la sombra del ALCA (crítica al libre comercio, solicitud de trato especial y diferenciado, complementariedad de las economías), otras son parte de la idea de diseñar un nuevo modelo de integración, como por ejemplo la creación de un fondo de emergencia social o un plan continental de lucha contra el analfabetismo.

---

[21]   Presidentes Hugo Chávez y Fidel Castro (2004), *Declaración conjunta de Hugo Chávez y Fidel Castro durante la visita oficial del presidente Hugo Chávez Frías a La Habana*, República Bolivariana de Venezuela, Ministerio de Relaciones Exteriores, Libro Amarillo, 14 de diciembre de 2004, Documentos.

Cuadro 1
Principios y bases cardinales del
ALBA (diciembre de 2004)

1. El comercio y la inversión no deben ser fines en sí mismos, sino instrumentos para alcanzar un desarrollo justo y sustentable, pues la verdadera integración latinoamericana-caribeña no puede ser hija ciega del mercado, ni tampoco una simple estrategia para ampliar los mercados externos estimulando el comercio. Para lograrlo, se requiere una efectiva participación del Estado como regulador y coordinador de la actividad económica.

2. Trato especial y diferenciado, que tenga en cuenta el nivel de desarrollo de los diversos países y la dimensión de sus economías, y que garantice el acceso de todas las naciones que participen en los beneficios que se deriven del proceso de integración.

3. La complementariedad económica y la cooperación entre los países y producciones, de tal modo que se promueva una especialización productiva eficiente y competitiva que sea compatible con el desarrollo económico equilibrado en cada país, con las estrategias de lucha por la pobreza y con la preservación de identidad cultural de los pueblos.

4. Cooperación y solidaridad que se exprese en planes especiales para los países menos desarrollados en la región, que incluya un plan continental contra el analfabetismo, utilizando modernas tecnologías que ya fueron probadas en Venezuela; un plan latinoamericano de tratamiento gratuito de salud a ciudadanos que carecen de tales servicios y un plan de becas de carácter regionales, en las áreas de mayor interés para el desarrollo económico y social.

5. Creación del fondo de emergencia social, propuesto por el presidente Hugo Chávez en la Cumbre de los Países Sudamericanos, celebrada recientemente en Ayacucho.

6. Desarrollo integrador de las comunicaciones y el transporte entre los países latinoamericanos y caribeños, que incluya planes conjuntos de carreteras, ferrocarriles, líneas marítimas y aéreas, telecomunicaciones y otras.

7. Acciones para propiciar la sostenibilidad del desarrollo mediante normas que protejan el ambiente, estimulen un uso racional de los recursos e impidan la proliferación de los patrones de consumo derrochadores y ajenos a las realidades de nuestros pueblos.

8. Integración energética entre los países de la región: que se asegure el suministro estable de productos energéticos en beneficio de las sociedades latinoamericanas y caribeñas, como promueve la República Bolivariana de Venezuela con la creación de Petroamérica.

9. Fomento de las inversiones de capitales latinoamericanos en la propia América Latina y el Caribe, con el objetivo de reducir la dependencia de los países de la región de los inversionistas foráneos. Para ello se crearían: un fondo latinoamericano de inversiones, un banco de desarrollo del sur, y la sociedad de garantías recíprocas latinoamericanas.

10. Defensa de la cultura latinoamericana y caribeña y de la identidad de los pueblos de la región, con particular respeto y fomento de las culturas autóctonas e indígenas, Creación de la Televisora del Sur (TeleSur) como instrumento alternativo al servicio de la difusión de nuestras realidades.

11. Medidas para que las normas de propiedad intelectual, al tiempo que protejan el patrimonio de los países latinoamericanos y caribeños frente a la voracidad de las empresas transnacionales, no se conviertan en un freno de la necesaria cooperación en todos los terrenos entre nuestros países.

12. Concertación de posiciones en la esfera multilateral y en los procesos de negociación de todo tipo con países y bloques de otras regiones, incluida la lucha por la democratización y la transparencia de las instancias internacionales, particularmente de las Naciones Unidas y sus órganos.

Fuente: Declaración Conjunta entre el Presidente de la República Bolivariana de Venezuela y el Presidente del Consejo de Estado de la República de Cuba para la Creación del ALBA, La Habana, 14 de diciembre de 2004.

Cabe destacar además la incorporación de Cuba al proceso de diseño del ALBA, pues hasta el año 2003 la mayor parte de los documentos que se habían producido sobre este proceso de integración se había originado en el seno del gobierno venezolano.[22] A partir de la Cumbre de La Habana de 2004, el ALBA deja de ser una simple propuesta venezolana para enfrentar el ALCA y comienza a transformarse en un proceso de integración regional,

---

[22]   Chávez, Hugo (2003), *Venezuela frente al ALCA: Alternativa Bolivariana para América Latina y el Caribe. Principios Rectores del ALBA. De la Integración neoliberal a la Alternativa Bolivariana para América Latina*, Caracas, Presidencia de la República Bolivariana de Venezuela, Ministerio de Estado para la Integración y Comercio y el Banco de Comercio Exterior de Venezuela (SF). *El ALBA en el Caribe*. Disponible en línea: www.alternativabolivariana.org

aprovechándose para ello de la infraestructura de cooperación que se había estado desarrollando en el marco de la cooperación bilateral desde el Acuerdo Energético de Caracas.

El ALBA continuó avanzando en abril de 2006, cuando en un encuentro presidencial realizado en La Habana, el presidente boliviano Evo Morales se unió a este proceso de integración, al que complementa con su propuesta de Tratado de Comercio de los Pueblos (TCP). En este sentido, en la Declaración Final del encuentro se señala que "una nueva y verdadera integración" debe estar "sustentada en principios de ayuda mutua, solidaridad y respeto a la autodeterminación". Sólo una integración de este tipo "puede dar una adecuada respuesta a la altura de la justicia social, la diversidad cultural, la equidad y al derecho al desarrollo que merecen y reclaman los pueblos".[23]

En su etapa más reciente, el ALBA se ha presentado como un "capítulo del proceso revolucionario mundial".[24] En este sentido, se asevera que "el ALBA, desde sus orígenes, al confrontar directamente contra el ALCA, irrumpió como un espacio de lucha antiimperialista [...] Podríamos afirmar que nació con conciencia de ser una herramienta de lucha por la unidad latinoamericana caribeña, enfrentada al imperialismo y heredera de las jornadas heroicas protagonizada por los pueblos en su camino por la liberación".[25] En este mismo orden de idea se expresa Claudio Katz,

---

[23] Gobiernos de Bolivia, Cuba y Venezuela (2004), *Comunicado Conjunto firmado entre los presidentes Hugo Chávez Frías, Evo Morales Ayma y Fidel Castro Ruiz*, La Habana, Cuba, 14 de diciembre de 2004.

[24] Bossi, Fernando Ramón (2005), *Construyendo el ALBA de los pueblos*, Exposición hecha en el Foro que se realizó en la III Cumbre de los Pueblos, Mar del Plata, 3 de noviembre. Disponible en línea: http://www.voltairenet.org/article131001.html (consulta: 1° de abril de 2010).

[25] Bossi, Fernando Ramón (2010), *El ALBA es el camino*. Disponible en línea: http://www.aporrea.org/tecno/a97610.html (consulta: 15 de marzo de 2010).

para quien el propósito primordial del ALBA es contener el expansionismo estadounidense. Katz afirma que "esta finalidad antiimperialista explica por qué el proyecto alude a una gesta liberadora y no a las características mercantiles de la integración".[26] Este carácter antiimperialista del ALBA se manifiesta en las declaraciones finales de las cumbres recientes, en la cuales las ya tradicionales referencias a la lucha contra la pobreza o la solidaridad, se acompañan con expresiones de rechazo al capitalismo y al imperialismo. Así, en la Declaración de la VII Cumbre del ALBA-TCP, realizada en Cochabamba, Bolivia, en octubre de 2009, se afirma:

> Por su esencia, el capitalismo y su máxima expresión, el imperialismo, están destruyendo la propia existencia de la humanidad y nuestra Madre Tierra. La crisis económica global, la crisis del cambio climático, la crisis alimentaria, y la crisis energética son de carácter estructural y se deben, fundamentalmente, a patrones de producción, distribución y consumo insostenibles, a la concentración y acumulación del capital en pocas manos, al saqueo permanente e indiscriminado de los recursos naturales, a la mercantilización de la vida y a la especulación a todos los niveles para beneficio de unos pocos.[27]

2. El ALBA y la teoría de la integración económica[28]

El ALBA debe ser también analizada desde el punto de vista de la teoría de la integración económica. Para la teoría

---

[26]   Katz, Claudio (2006), *El rediseño de América Latina. ALCA, MERCOSUR y ALBA,* Buenos Aires, Ediciones Luxemburg, p. 65.

[27]   Cumbre del ALBA (2009), *Declaración Final,* VII Cumbre del ALBA-TCP, Cochabamba, Bolivia, octubre de 2009.

[28]   En algunos sectores políticos y académicos (véase, por ejemplo, la entrevista a Enrique Ayala Mora, en Burch, Sally (2009), "La independencia", entrevista con Enrique Ayala Mora, *ALAI América Latina en Movimiento,* 29 de enero, disponible en línea: http://alainet.org/active/38172&lang=es)

económica clásica, la integración tiene como objetivo la abolición de las barreras y los obstáculos que impiden el libre flujo de bienes y servicios entre las diversas economías nacionales, para crear un espacio económico integrado, en el cual la actuación de las leyes del mercado permitiría intensificar la interdependencia económica entre los países socios. Con base en estas definiciones se ha descrito a la integración como un proceso desarrollado en etapas que van desde la zona de libre comercio, pasando por la unión aduanera, el mercado, la unión económica hasta concluir en la unión política. El paradigma de este modelo ha sido la actual Unión Europea, que inicialmente se planteó el libre comercio en su fase inicial en los años 1950 y 1960, para llegar a establecer una moneda única en 2002 y planear proyectos de una política de seguridad y defensa común.

Si aplicamos estos criterios al ALBA, es difícil catalogarla como un proceso de integración económica. Desde el punto de vista de la teoría liberal es claro que el ALBA no es un proceso de eliminación de barreras ni que se realiza de forma gradual a partir de una zona de libre comercio hasta la unión económica. La cuestión es que el ALBA pretende ser un nuevo modelo que rompe con esta lógica de integración. En este sentido, la experiencia europea no es un modelo para el ALBA. Esto incluso es señalado de manera expresa por Fernando Bossi, al señalar:

> De nada nos sirven los ejemplos de la Unión Europea, ni mucho menos la forma en que Estados Unidos alcanzó su

---

se ha objetado que el ALBA fuese una iniciativa de integración y se la describió simplemente como una forma de cooperación. Nuestro argumento es que aunque en sus orígenes el ALBA tuvo un fuerte componente de integración ha ido madurando gradualmente para convertirse en un proceso de integración. Véase Briceño Ruiz (2009), *op. cit.* En esta sección se analiza primordialmente el aspecto económico, pues es en este ámbito en el cual el ALBA quiere ser presentado como un nuevo modelo de integración.

unidad, a costa de rapiña, genocidio indígena e invasiones. La Unión Europea tampoco, porque esa unión se establece de manera defensiva, bajo los parámetros del capitalismo y sólo para acumular fuerza en su competencia con Estados Unidos y Japón. La Unión Europea es una estrategia de una serie de naciones en el marco de la lucha intercapitalista e interimperialista. Ninguno de estos son modelos de integración que nos puedan servir a los latinoamericanos caribeños.[29]

El modelo de integración del Tratado de Libre Comercio de América del Norte (TLCAN) tampoco se relaciona con el ALBA, pues este último incluso nace como alternativa al ALCA, propuesta de integración inspirada en el acuerdo suscrito en América del Norte. Esto nos lleva a un tema crucial para entender al ALBA: ésta se presenta como un modelo alternativo de integración[30] o como una "forma de integración que no parte de lo mercantil".[31]

El ALBA intenta romper con la lógica que inspiró la integración en las décadas previas, en particular el enfoque de integración abierta que fue hegemónico en la mayor parte de los procesos de integración desde fines de los años 1980 y cuyos pilares eran la desgravación arancelaria y la regulación de los temas relacionados con el comercio. En principio, el ALBA no es una propuesta basada en el comercio. Su concepción se apoya en la idea de que la integración no puede reducirse al comercio, "ni medir sus avances por el crecimiento del intercambio comercial", ni "encerrarse entre las rejas" del libre comercio. No es que se proponga abolir el comercio, sino que intenta reafirmar que la integración "es mucho más que hacer comercio y

---

[29]   Bossi (2005), *op. cit.*, p. 3.
[30]   Regueiro Bello, María Lourdes (2008), *Los TLC en la perspectiva de la acumulación estadounidense. Visiones desde el MERCOSUR y el ALBA*, Buenos Aires, CLACSO.
[31]   Bossi (2005), *op. cit.*

que incluso, no puede contentarse la integración verdadera con cualquier clase de comercio".[32] Se admite entonces el comercio como un componente del proceso, pero éste debe estar sometido a los objetivos de desarrollo del proceso de integración. Esto implica formas de comercio compensado y mecanismos para favorecer a los países más débiles mediante precios preferenciales o comercio de trueque.[33] Se trataría de un nuevo modelo de integración que promovería un comercio más bien basado en las ventajas cooperativas, en vez de apoyarse en la lógica tradicional de las ventajas comparativas. Igualmente, el ALBA se basa en instrumentos de compensación entre los países, que en vez de ganar y vender bajo una lógica de ganancia comenzarían a comerciar en función de lo que un país produce y necesita.[34]

Esto convertiría al ALBA en un proceso de integración no tanto preocupado por el comercio y la ganancia, sino más bien dirigido a lograr la satisfacción de las necesidades básicas de la población latinoamericana, resolviendo los problemas de desnutrición, analfabetismo o deserción escolar.[35] En opinión del especialista cubano Eugenio Espinoza,[36] "el ALBA como proceso es algo más, es una opción de desarrollo en función de las grandes mayorías populares históricamente explotadas, excluidas y oprimidas, es una opción emancipadora por la independencia, la justicia

---

[32]   Martínez, Osvaldo (2006), "ALBA y ALCA: el dilema de integración o la anexión", en *Cuadernos África-América Latina*, núm. 40-41, primer semestre, Madrid, p. 78.

[33]   *Ibíd.*, p. 79.

[34]   Véase Sader, Emir (2006), "El firme y lento despuntar del ALBA", en *Le Monde Diplomatique*, núm. 80, Buenos Aires, febrero de 2006, pp. 4-5.

[35]   Katz (2006), *op. cit.*, p. 68.

[36]   Espinoza Martínez, Eugenio E. (s/f), *El ALBA: un camino hacia el desarrollo. La Alternativa Bolivariana para América*. Disponible en línea: http://www.flacso.uh.cu/sitio_revista/num1/articulos/art_EEspin2.pdf. p17

social, la libertad y la equidad, 'es un salto estratégico' hacia una nueva etapa en Latinoamérica, el Caribe y el mundo." No obstante, existen vacíos conceptuales para entender este nuevo "modelo de integración". Por ejemplo, no existe una conceptualización de las ventajas "cooperativas". Por otra parte, algunos de los instrumentos del ALBA no son realmente tan nuevos. Tal es el caso del SUCRE (que se describirá más adelante), que no es otra cosa que un mecanismo de compensación de pagos, que ya existe en instancias como la Asociación Latinoamericana de Integración (ALADI), el Sistema de Integración Centroamericana (SICA) y el Mercado Común del Sur (MERCOSUR).

3. Los instrumentos del "modelo de integración ALBA"

La evolución del modelo económico del ALBA está estrechamente vinculada con las diversas etapas que ha tenido este proceso de integración, explicadas anteriormente. Así, en la fase en la cual el ALBA era tan sólo una alternativa al ALCA, la agenda se concentraba en presentar propuestas distintas a las incluidas en la agenda de las negociaciones del libre comercio hemisférico. Para colocar un ejemplo, en el caso de las inversiones extranjeras, en lugar del otorgamiento del principio de trato nacional, en el ALBA se proponía establecer en algunos casos requisitos de establecimiento. Otro ejemplo puede señalarse en materia de las compras gubernamentales, donde se señalaba que éstas eran un instrumento de promoción del desarrollo industrial al cual no debía renunciar el país. En materia de servicios, se rechazaba que la educación y la salud perdiesen su condición de servicios públicos. En lo referente a la propiedad intelectual, se descartaba cualquier normativa que afectase el derecho a la salud y el acceso a los medicamentos. También se proponía la inclusión de nuevos temas en la agenda, como la creación de fondos de compensación. En otras palabras, el ALBA fue una contrapropuesta del gobierno venezolano en la cual se promovía un modelo distinto a la "integración profunda" que Estados Unidos quería implantar a través del ALCA (véase el cuadro 2).

A partir de 2004, esta agenda alternativa al ALCA era acompañada con otra serie de políticas, especialmente la promoción de alianzas estratégicas, centradas en el petróleo, en las cuales Venezuela tendría el papel protagónico. En este aspecto, se daba continuidad al Acuerdo Energético de Caracas. Según Judith Valencia,[37] "el gobierno venezolano utiliza su recurso abundante, escaso en territorios de gobiernos aliados, negociando intercambios complementarios sin exigir compensaciones que vulneren la soberanía de los Estados y dando condiciones de comercialización solidarias que sustituyan las exigencias de las transnacionales privadas."

El tema del comercio no estaba ausente, aunque sólo se admitía la posibilidad de practicar el comercio compensado, en la medida que éste fuese mutuamente conveniente, para ampliar y profundizar el intercambio comercial.[38] El comercio compensado funciona a través de acuerdos en los cuales cada país propone lo que necesita y lo que otorga. En estos acuerdos se compensan bienes y servicios según las necesidades y capacidades de cada país; por ejemplo, en el caso de Cuba y Venezuela, el primero recibe del segundo petróleo a precios y condiciones de pago preferenciales, y parte del pago del mismo es a través del servicio de los

---

[37] Valencia, Judith (2005), *El ALBA un cauce para la integración de nuestra América*, ponencia presentada en el simposio "Diálogo Sudamericano: otra integración es posible", Quito, noviembre de 2005, p. 14.

[38] *Ibíd.*, p. 14.

médicos cubanos en los programas sociales en materia de salud y educación que promueve el gobierno venezolano, o también becas para ciudadanos que deseen cursar sus estudios en Cuba. En otros casos, la compensación se hace por medio de otros bienes, como ocurre con Dominica, que puede pagar hasta el 40% de su factura petrolera con guineos.[39]

Valencia también mencionaba a las Macro-ruedas Binacionales de Negocios, que el gobierno venezolano venía promoviendo desde el año 2003 con empresarios de varios países latinoamericanos. Según Valencia,[40] "en tanto son negocios entre empresarios privados con los gobiernos como facilitadores, ayudan a diversificar orígenes y destinos de las exportaciones e importaciones y con ello reavivan actividades productivas interrumpidas por las políticas de ajustes estructurales y por las acciones de la competencia transnacional."

En esta fase del ALBA se procede también a internacionalizar las denominadas "Misiones" a la "zona ALBA". Estas últimas son programas sociales que el gobierno venezolano comienza a aplicar a partir del año 2003, en un contexto político aún muy complejo y polarizado y una severa crisis económica resultado del paro de la industria petrolera en diciembre de 2002 y enero de 2003. Las Misiones, concebidas como mecanismo para profundizar las políticas sociales que estaban siendo implementadas, comprendían las áreas de salud, educación, alimentación, producción y vivienda.[41] A través del ALBA se aplicaron en Bolivia las "Misiones" relativas a la alfabetización y la salud.

---

[39]   Aponte García, Maribel (2009), "La economía solidaria y el socialismo del siglo XXI en la alternativa bolivariana: una aproximación inicial", en *Otra Economía*, vol. III, núm. 5, 2º semestre de 2009, p. 96.

[40]   Valencia, Judith (2005), *op. cit.*

[41]   En materia de salud se creó la Misión Barrio Adentro, cuyo objetivo es ofrecer un servicio de atención médica directa y gratuita a las poblaciones de los

Finalmente, también en esta etapa se consideró la creación de TeleSur como parte del ALBA, canal de televisión concebido para cuestionar "el patrón monopólico corporativo de las comunicaciones" y como una propuesta comunicacional cultural alternativa.[42]

---

barrios más pobres del país, para lo cual se asigna de forma permanente un médico cada 250 familias. La mayor parte de los médicos han sido de nacionalidad cubana que participan en este programa como parte de un convenio internacional existente entre Cuba y Venezuela. Debido a su éxito inicial, se desarrollaron las Misiones Barrio Adentro II, III y IV, en las cuales se incluye servicios de diagnóstico, especialidades médicas, emergencia, cirugía y especialización. Luego se creó la Misión Milagro para brindar atención oftalmológica gratuita a la población en centros de salud también atendidos por médicos cubanos. En el área educativa se estableció la Misión Robinson, que se planteó la alfabetización de cerca del 10% de la población venezolana que aún no sabía leer y escribir. La Misión Sucre buscó atender a los jóvenes que habían cursado sus estudios medios pero no habían logrado ingresar a las universidades. Posteriormente, se instituye la Misión Ribas, para los jóvenes que por razones diversas no habían podido terminar sus estudios de bachillerato y la Misión Robinson II, para que la población egresada de la Misión Robinson pudiese continuar sus estudios básicos. Más allá del área educativa y de salud, se estableció la Misión Mercal, que crea una red de centros de abastecimientos alimenticios en los sectores populares para vender a precios subsidiados los alimentos que componen la canasta básica. La Misión Vuelvan Caras para la capacitación productiva de los trabajadores informales y desempleados; la Misión Hábitat para otorgar la propiedad de la tierra en áreas urbanas y la construcción de viviendas. En la etapa más reciente de estos programas (2006-2008), se instauraron la Misión Negra Matea, para la atención de los indigentes; la Misión Madres del Barrio para los hogares en pobreza extrema a cargo de madres solteras; la Misión José Gregorio Hernández para atender a personas con discapacitadas; la Misión Villanueva, para la conformación de nuevas ciudades socialistas; la Misión Alma Mater para la creación de complejos universitarios socialistas, la Misión Che Guevara para la capacitación ideológico productiva de los trabajadores y la Misión 13 de Abril para la instauración de comunas socialistas. Véase D'Elia, Yolanda y Cabezas, Luis Francisco (2008), *Las misiones sociales en Venezuela*, Caracas, Instituto Latinoamericano de Investigaciones Sociales (ILDIS), mayo de 2008.

[42]   Lander, Edgardo (2007), "La Alternativa Bolivariana para las Américas-ALBA", en Instituto Venezolano de Estudios Sociales y Políticos-INVESP, *Nuevos retos de la integración en América Latina y el Caribe: ¿profundi-*

Cuadro 2
Las propuestas del ALBA como alternativa al ALCA

ALCA	ALBA
Propósito: promover la prosperidad a través de la integración económica y el libre comercio. **Objetivo:** mejoramiento de las condiciones de vida en el hemisferio, a través de un crecimiento económico sostenido y estable, basado en una mayor liberación comercial de los bienes y servicios y de la inversión, y en la integración económica subregional.	**Propósito:** promover la lucha contra la pobreza y la exclusión social. **Objetivo:** preservar la autonomía e identidad latinoamericana como nuevo proyecto alternativo de integración latinoamericana y caribeña.
INVERSIONES	
Presión creciente para eliminación de controles para la inversión extranjera. El ALCA propone otorgar derechos especiales al capital para que puedan demandar al Estado por la aplicación de requisitos de desempeño, laborales, sociales, ambientales y de cualquier índole que regulen la inversión.	Defender los requisitos de desempeño de tal forma que la eliminación de controles previos y posteriores a la inversión quede condicionada a la adquisición de materias primas, bienes y servicios nacionales; a la transferencia tecnológica, la asistencia técnica y la formación de recursos humanos.
SERVICIOS	
Propone la liberalización total en el hemisferio del comercio de servicios, eliminando para ello las leyes nacionales y políticas gubernamentales que influyan sobre los mecanismos del mercado como el principal regulador.	Los países podrán liberalizar sus servicios de acuerdo a sus prioridades de desarrollo nacional. Se mantendrán como servicios públicos, ajenos a los acuerdos comerciales que sean indispensables para la población y que así determinen la Constitución y sus leyes.

zación o fragmentación del regionalismo?, Caracas, INVESP, Woodrow Wilson Center, ILDIS, p. 21.

ALCA	ALBA
COMPRAS GUBERNAMENTALES	
Se propone abrir el mercado público a las empresas extranjeras, lo cual anularía el uso de las compras gubernamentales como palanca para la reactivación del aparato productivo y el empleo nacional. Apuesta a la liberación comercial a través del trato nacional a las transnacionales, las cuales podrían participar en cualquier licitación con la menor cantidad de restricciones.	Tienen prioridad las empresas nacionales como proveedoras de los entes públicos, toda vez que son éstas las que demandan materias primas nacionales y generan empleo local. Se busca la preservación de los sectores estratégicos por su impacto multiplicador sobre otros sectores económicos y laborales.
POLÍTICAS DE COMPETENCIA	
Se plantea la eliminación de prácticas anticompetitivas a través de la modificación de las legislaciones nacionales y la prohibición de exclusiones o excepciones. Aunque a estas negociaciones se les atribuye un impacto efectivo en función de limitar el abuso del poder de los monopolios y oligopolios, el verdadero objetivo son las empresas y monopolios estatales que son vistos como un obstáculo al libre mercado.	Se enfrentará el abuso de los monopolios y oligopolios a través de mecanismos con capacidad para revisar y asegurar la implementación y el cumplimiento de estos acuerdos. Los inversionistas extranjeros no podrán demandar a los Estados nacionales, ni a los gobiernos por el manejo de monopolios o empresas estatales de interés público.
SUBSIDIOS, *ANTIDUMPING* Y DERECHOS COMPENSATORIOS	
Se plantea la creación de mecanismos para determinar la existencia de *dumping* y daño por prácticas desleales de comercio, así como el establecimiento de un procedimiento de investigación y resolución y la creación del comité en materia de *dumping*.	Se trata de elaborar leyes *antidumping* que permitan defender a nuestros aparatos productivos de las prácticas *dumping* (venta por debajo del costo de producción por parte de trasnacionales) y los ruinosos subsidios que aplican los países más poderosos, estableciendo derechos compensatorios a los daños causados por tales prácticas.

ALCA	ALBA
SOLUCIÓN DE CONTROVERSIAS	
Se propone el establecimiento de un marco legal y de un entorno institucional de carácter supranacional para dirimir las controversias que surjan entre los países ante la trasgresión de los acuerdos. Sólo los gobiernos o los inversionistas extranjeros tendrían derecho de iniciar demandas.	Se iniciará, en primera instancia, en el marco de las leyes e instituciones. Se acudirá a instancias supranacionales si y sólo si son agotadas todas las instancias nacionales y aún no ha podido solventarse la disputa. Se permitirá la participación de todos los sectores involucrados.

Fuente: "¿Qué es la Alternativa Bolivariana de las América?", 2005, pp. 38-42.

Posteriormente, en la Cumbre del ALBA de diciembre de 2004[43] y en la Cumbre de abril de 2006 (en la cual Bolivia se incorpora al proceso de integración), se terminaron los objetivos de esta fase del naciente bloque regional (véase el cuadro 3).

Cuadro 3
Agenda del ALBA 2004-2006

* Complementación productiva sobre bases de racionalidad, aprovechamiento de ventajas existentes en una y otra parte, ahorro de recursos, ampliación del empleo útil, acceso a mercados u otra consideración sustentada en una verdadera solidaridad que potencie las fuerzas de ambas partes.
* Intercambio de paquetes tecnológicos integrales desarrollados en áreas de interés común, que serán facilitados para su utilización y aprovechamiento, basados en principios de mutuo beneficio.
* Coordinación con otros países latinoamericanos para eliminar el analfabetismo.
* Ejecutar inversiones de interés mutuo en iguales condiciones que las realizadas por entidades nacionales. Estas inversiones pueden adoptar la forma de empresas mixtas, producciones cooperadas, proyectos de administración conjunta y otras modalidades de asociación que decidan establecer.

---

[43]   Presidentes Hugo Chávez y Fidel Castro (2004), *op. cit.*

- Facilitar los pagos y cobros correspondientes a transacciones comerciales y financieras mediante la concertación de convenios de crédito recíproco entre las instituciones bancarias designadas a estos efectos por los gobiernos.
- Practicar el comercio compensado en la medida que esto resulte mutuamente conveniente para ampliar y profundizar el intercambio comercial.
- Desarrollo de planes culturales conjuntos que tengan en cuenta las características particulares de las distintas regiones y la identidad cultural de los pueblos.
- Tomar en cuenta las asimetrías políticas y de carácter social, económico y jurídico entre los países. Considerar en el menor desarrollo económico de Bolivia.
- Eliminar cualquier tipo de barrera no arancelaria a todas las importaciones hechas por Venezuela cuyo origen sea la República de Cuba.
- Eximir de impuestos sobre utilidades a toda inversión estatal y de empresas mixtas durante el periodo de recuperación de la inversión.
- Ofrece programas de becas de estudios en los países socios.
- Financiamiento de proyectos productivos y de infraestructura, entre otros, sector energético, industria eléctrica, asfaltado de vías y otros proyectos de vialidad, desarrollo portuario, acueductos y alcantarillados, sector agroindustrial y de servicios.
- Asistencia cubana en programas de salud y medicina.
- Integración energética y venta de petróleo en condiciones especiales por parte de Venezuela.

Elaborado por el autor basado en el acuerdo entre el Presidente de la República Bolivariana de Venezuela y el Presidente del Consejo de Estado de Cuba, para la aplicación de la Alternativa Bolivariana para las Américas (2004); y el acuerdo para la aplicación de la Alternativa Bolivariana para los Pueblos de Nuestra América y el Tratado de Comercio de los Pueblos (2006).

Aun en ese periodo, el elemento central de la estrategia del gobierno venezolano para la región es Petrocaribe, creada en el Encuentro Energético del Caribe, celebrado el 29 de junio de 2005 en Puerto La Cruz, Venezuela. En el tratado constitutivo, se establece que Petrocaribe es un "órgano habilitador de políticas y planes energéticos, dirigido a la integración de los pueblos caribeños, mediante el uso soberano de los recursos naturales energéticos en beneficio directo de sus pueblos". La nueva instancia regional se encarga también de coordinar y gestionar las relaciones energéticas en los países signatarios. De igual manera, tiene como objetivo asegurar la coordinación y articulación de las políticas de energía, incluyendo petróleo y sus derivados, gas, electricidad, uso eficiente de la misma, cooperación tecnológica, capacitación, desarrollo de infraestructura energética, así como el aprovechamiento de fuentes alternas, tales como la energía eólica, solar y otras.[44]

En Petrocaribe se mantienen los mecanismos de financiamiento y compensación de los acuerdos de San José y Caracas. En tal sentido, existen facilidades de financiamiento a largo y corto plazo, así como de pago diferido. En este último, se acuerda que cuando el precio exceda los US$ 40, el periodo de pago se extenderá a veinticinco años, incluyendo los dos años de gracia referidos, reduciendo el interés al 1%. Venezuela podrá aceptar que parte del pago diferido se realice con bienes y servicios, por lo que ofrecería precios preferenciales. Entre los productos que Venezuela podría adquirir a precios preferenciales estarían el azúcar, el banano u otros bienes o servicios que se determinen, afectados por políticas comerciales de los países ricos.[45]

En el acuerdo, se creó el "Fondo ALBA para el desarrollo económico y social", conocido como "Fondo ALBA Caribe", cuyo objetivo es contribuir con el desarrollo económico y social de los países del Caribe, mediante el financiamiento de programas sociales y económicos. Esto se realiza con aportes provenientes de instrumentos financieros y no financieros, y con contribuciones que se puedan acordar de la porción financiada de la factura petrolera y los ahorros producidos por el comercio directo.

---

[44]   Jefes de Estado de Petrocaribe (2005), *Acuerdo de Cooperación Energética Petrocaribe*, Puerto la Cruz, Venezuela. Disponible en línea: www.alianzabolivariana.org

[45]   *Ibíd.*

Todos estos objetivos configuraron un modelo de integración que ha sido descrito como basado en el desarrollo endógeno, es decir, la segunda fase en la evolución del ALBA descrita en la segunda sección de este trabajo. Según la especialista puertorriqueña Maribel Aponte García, el ALBA es una manifestación de este modelo:

> En el ALBA el comercio y la inversión se abordan desde el desarrollo endógeno sostenible, la inclusión social y la participación efectiva del Estado. La inclusión social privilegia la solidaridad en los proyectos de educación, salud y vivienda que benefician a los pobres tanto a nivel de Venezuela como de la región. La infraestructura se trabaja desde un Desarrollo Integrado de las Comunicaciones y el Transporte. La integración energética, tanto en petróleo como en gas, se maneja desde una perspectiva regional, a precios y términos favorables, y se llevan a cabo avances en inversiones importantes. La financiación alternativa del desarrollo se estructura en torno al Banco del ALBA y el Banco del Sur. Finalmente, la cultura y las alternativas mediáticas se articulan incidiendo e incursionando en iniciativas regionales como TeleSur y lanzando ambiciosas iniciativas satelitales con el apoyo de China.[46]

El ALBA comienza su proceso de profundización a partir de 2006, cuando debido al impulso que recibe por la adhesión de Bolivia y su propuesta del Tratado de Comercio de los Pueblos, deja de ser una iniciativa binacional cubano-venezolana y comienza a adquirir una dimensión regional.

Después de la V Cumbre del ALBA realizada en Barquisimeto en 2007, se ha profundizado este proceso de integración al incorporarse nuevo miembros (Nicaragua en 2007, Ecuador en 2008, Dominica en 2008, Antigua y Barbuda y San Vicente y Granadinas en 2009). También se ha creado una institucionalidad y se han emprendido nuevas y más ambiciosas iniciativas como los Proyectos

---

[46]   Aponta García, Maribel (2008), *op. cit.*, p. 91.

Grannacionales, las Empresas Grannacionales, la fundación del Banco del ALBA, la creación del SUCRE y una mayor actuación del grupo como actor político en el continente. A continuación, se explica la forma en que se ha producido esta evolución del proceso del ALBA.

3.1. El TCP y el comercio justo

Como ya se explicó, uno de los pilares iniciales del ALBA fue el comercio compensado. Éste se fue complementado con el establecimiento de mecanismos de no reciprocidad, incluidos en las obligaciones establecidas en el acuerdo suscrito entre Venezuela y Cuba en la cumbre de La Habana de diciembre de 2004, y en la Cumbre de abril de 2006, en la cual Bolivia se incorpora al proceso del ALBA con su propuesta del TCP. La *no reciprocidad* supone que las preferencias o beneficios otorgados a un país, no deben tener de manera forzosa obligaciones similares de éste país con respecto a aquel que se los concede. Así, por ejemplo, Cuba y Venezuela eliminan las barreras arancelarias y no arancelarias a Bolivia, sin que este país tenga obligaciones similares.[47]

La idea de comercio compensado ha sido complementada con la de comercio justo, cuya base es la propuesta boliviana del TCP. En la V Cumbre del ALBA se creó un Proyecto Grannacional denominado Comercio Justo TCP, que busca la complementación económica mediante la creación de Empresas Grannacionales de suministros industriales del ALBA, cuyo objeto será la comercialización de insumos, equipos y maquinarias para la industria. También se establece una empresa Grannacional de Importaciones y Exportaciones del ALBA. Es parte de este proyecto la apertura de las tiendas del ALBA con la idea de establecer

---

[47]   Girvan, Norman (2008), *Alba, Petrocaribe and Caricom: issues in a new dynamic.* Disponible en línea: http://www.normangirvan.info/girvan-alba-caricom-may0 p 5

una red de almacenamiento y comercialización de bienes terminados de los países miembro del ALBA. La estrategia comprende también la creación de la Feria Internacional del ALBA y de un Centro Grannacional de formación para el diseño y ejecución de proyectos de investigación, innovación tecnológica, asistencia técnica y formación para mejorar la capacidad y la calidad productiva de los países.[48]

En la VII Cumbre del ALBA, realizada en Cochabamba, Bolivia, en octubre de 2009, se definieron los principios generales que orientan el TCP. Este documento es interesante porque es obviamente una respuesta al avance de la estrategia de firma de TLC bilaterales por parte de Estados Unidos. En el documento se retoman muchas de las propuestas de los documentos publicados en 2003 en Venezuela para presentar al ALBA como una alternativa al ALCA. Esto es facilitado por el hecho que la agenda de negociación de los TLC es la misma que la del fallido acuerdo hemisférico (véase cuadro 4).

3.2. De las alianzas estratégicas a los Proyectos Grannacionales (PGN) y las Empresas Grannacionales (EGN)

Como se ha explicado anteriormente, una de las acciones iniciales del ALBA fue la promoción de alianzas estratégicas, como Petrocaribe. A partir de 2008, éstas se complementaron con la creación, en la IV Cumbre del ALBA que se realizó en Barquisimeto, Venezuela, de Proyectos Grannacionales (PGN) y de Empresas Grannacionales (EGN). Un poco en la lógica de funcionamiento de este esquema de integración en ese momento, en los documentos de la cumbre no se definieron exactamente a los PGN y las EGN, sino que nada más se anunció la decisión de impulsar PGN en las áreas

---

[48] Véase Cumbre del ALBA (2007), *Declaración de la V Cumbre Política del ALBA*, Tintorero, Estado de Lara, Venezuela, 29 de abril de 2007.

de cultura, educación, comercio justo, alimentación, salud, entre otros. Igualmente, en Barquisimeto se acordó crear EGN en el sector industrial mediante la alianza entre las industrias pesadas y ligeras, con el objetivo de fortalecer la soberanía industrial de los países del ALBA. En la reunión se decidió crear, por un lado, la EGN de artículos y bienes de acero inoxidable, y por otro lado, se acordó el "Desarrollo de plantas de productos de línea blanca para los países del ALBA y de Latinoamérica con la cooperación de países aliados (Bielorrusia, Irán, China)."[49]

Cuadro 4
Principios de TCP

1. Comercio con complementariedad, solidaridad y cooperación, para que juntos alcancemos una vida digna y el vivir bien.

2. Comercio soberano, sin condicionamientos ni intromisión en asuntos internos, respetando las constituciones políticas y las leyes de los Estados, sin obligarlos a aceptar condiciones, normas o compromisos.
3. Comercio complementario y solidario entre los pueblos, las naciones y sus empresas.
4. Protección de la producción de interés nacional, para el desarrollo integral de todos los pueblos y naciones.
5. El trato solidario para las economías más débiles. Cooperación y apoyo incondicional, con el fin de que alcancen un nivel de desarrollo sostenible, que permita conseguir la suprema felicidad social.
6. El reconocimiento del papel de los Estados soberanos en el desarrollo socioeconómico, la regulación de la economía.
7. Promoción de la armonía entre el hombre y la naturaleza, respetando los derechos de la Madre Tierra y promoviendo un crecimiento económico en armonía con la naturaleza.
8. La contribución del comercio y las inversiones al fortalecimiento de la identidad cultural e histórica de nuestros pueblos.
9. El favorecimiento a las comunidades, comunas, cooperativas, empresas de producción social, pequeñas y medianas empresas.

---

[49] Cumbre del ALBA (2007), *V Cumbre del ALBA-Proyecto Gran-Nacional*, Estado Lara, Venezuela, 29 de abril de 2007.

10. El desarrollo de la soberanía y seguridad alimentaría de los países miembros en función de asegurar una alimentación con cantidad y calidad social e integral para nuestros pueblos.
11. Comercio con políticas arancelarias ajustadas a los requerimientos de los países en desarrollo.
12. Comercio protegiendo a los servicios básicos como derechos humanos.
13. Cooperación para el desarrollo de los diferentes sectores de servicios.
14. Respeto y cooperación a través de las compras públicas.
15. Ejecución de inversiones conjuntas en materia comercial que puedan adoptar la forma de empresas grannacionales.
16. Socios y no patrones. La exigencia a que la inversión extranjera respete las leyes nacionales.
17. Comercio que respeta la vida.
18. La anteposición del derecho al desarrollo y a la salud, a la propiedad intelectual e industrial.
19. Adopción de mecanismos que conlleven a la independencia monetaria y financiera.
20. Protección de los derechos de los trabajadores y los derechos de los pueblos indígenas.
21. Publicación de las negociaciones comerciales a fin de que el pueblo pueda ejercer su papel protagónico y participativo en el comercio.
22. La calidad como la acumulación social de conocimiento, y su aplicación en la producción en función de la satisfacción de las necesidades sociales de los pueblos.
23. La libre movilidad de las personas como un derecho humano.

Fuente: "Principios fundamentales del Tratado de Comercio de los Pueblos", VII Cumbre del ALBA-TCP, Cochabamba, Bolivia, 17 de octubre de 2009.

En la VI Cumbre del ALBA, realizada en Caracas en enero de 2008, se avanzó en la definición de PGN y EGN. En el documento *Conceptualización de Proyecto y Empresa Grannacional en el Marco del ALBA*,[50] se señala que un proyecto grannacional puede nacer y desarrollarse en dos o

---

[50]   ALBA (2008), *Conceptualización de proyecto y empresa Grannacional en el marco del ALBA*, Documentos de la VI Cumbre del ALBA, Caracas, enero de 2008.

más países, pero no es requisito indispensable a los efectos de considerarlo como tal, el que abarque el ámbito de todos los países del ALBA. "El concepto grannacional puede asimilarse al de mega Estado, en el sentido de la definición conjunta de grandes líneas de acción política común entre Estados que comparten una misma visión del ejercicio de la soberanía nacional y regional, desarrollando y desplegando cada uno su propia identidad social y política, sin que ello implique en el momento actual la construcción de estructuras supranacionales".[51] Además, "las empresas grannacionales deben inscribirse en la nueva lógica de la unión y la integración del ALBA, acoplarse a los objetivos estratégicos del proyecto unionista y convertirse en instrumentos económicos fundamentales para la creación de una amplia zona de comercio justo en América Latina y el Caribe".[52]

Las EGN se han convertido en uno de los pilares del ALBA y también expresan el carácter dirigista de este proceso de integración porque son empresas públicas regionales formadas por las alianzas de las empresas nacionales estatales o las alianzas de cooperación entre empresas estatales[53] (Hart-Landsberg, 2008). Desde su creación se ha producido una proliferación importante de EGN vinculadas a las diferentes áreas del ALBA, como puede observarse en el cuadro 5.

---

[51]   *Ibíd.*
[52]   *Ibíd.*
[53]   Hart-Landsberg, Martin (2009), "Learning from ALBA and the Bank of the South. Challenges and Possibilities", en *Monthly Review,* September 2009. Disponible en línea: http://www.monthlyreview.org/090901hart-landsberg.php.

Cuadro 5
Empresas Grannacionales en el ALBA

ÁREAS ACUERDOS ALBA	EMPRESAS GRANNACIONALES
ALBA-COMERCIO JUSTO-TCP	Empresa Grannacional de suministros industriales del ALBA, para la comercialización de insumos, equipos y maquinarias para la industria. Empresa Grannacional de Exportaciones e Importaciones del ALBA.
ALBA-ALIMENTACIÓN	Empresa Grannacional de producción agroalimentaria.
ALBA-TELECOMUNICACIONES	Empresa de telecomunicaciones Grannacional.
ALBA-TURISMO	Cadena Grannacional de Hoteles ALBA.
ALBA-INDUSTRIAL	Desarrollo de plantas de productos de línea blanca para los países del ALBA y América Latina, con la cooperación de países aliados: Bielorusia, Irán y China.
ALBA-MINERÍA	Empresa Grannacional de cooperación, investigación y desarrollo en el área de la geología y la minería. Empresa Grannacional para la producción de aluminio. Empresa Grannacional para el desarrollo de las industrias de cemento para los países del ALBA. Empresa Grannacional para el manejo de bosques, producción y comercialización de productos de la industria de la madera.
ALBA-TRANSPORTE	AÉREO: Propiciar la creación de Corporación Grannacional de las líneas aéreas estatales que asocien rutas y equipos sin perder la autonomía de las mismas; y Empresa Grannacional de mantenimiento y construcción de aeronaves. MARÍTIMO: Empresa naviera Grannacional del Sur, para el transporte de carga y pasajeros, que diseñe rutas y disponga de equipos apropiados para la comunicación marítima. TERRESTRE: Empresa Grannacional para el desarrollo de la infraestructura de la región.

Fuente: Aponte García (2008), pp. 93-94.

3.3. De la internacionalización de las misiones a los programas sociales grannacionales

A partir de la V Cumbre del ALBA, la dimensión social del ALBA comenzó a estructurarse de mejor forma al crearse programas grannacionales en materia de educación, salud y alimentación. Desde entonces, el ALBA pretende convertirse en un espacio de transformación del modelo educativo o de salud de la región.

En esa V Cumbre se creó el ALBA educación, que va más allá de la erradicación del analfabetismo. En este encuentro se aprobaron el Plan Grannacional para el desarrollo de la misión de alfabetización de los países miembros del ALBA, un plan de formación universitaria que priorice las carreras de medicina social, trabajo social, y un programa común de formación social para el trabajo productivo[54].

En línea con su enfoque anticapitalista y antiimperialista, el ALBA también se propone transformar el modelo educativo en América Latina. En la Declaración Final de la V Cumbre del ALBA, se destacó la necesidad de "convertir la educación en la principal fortaleza de las transformaciones que estamos produciendo en nuestras naciones, para robustecer la conciencia histórica acerca de la unión de los pueblos latinoamericanos."[55]

Se han realizado talleres de educación para el ALBA. Al participar en el tercero de estos talleres, el ministro venezolano para la Educación Universitaria, Edgardo Ramírez, ha señalado la necesidad de que el ALBA trascienda la simple lucha contra el analfabetismo. Al respecto ha señalado: "La idea no es sólo que aprendan a leer y escribir, sino también enseñarles a comprender la historia liberadora de la región que hoy alcanza los 200 años". Más aun,

---

[54]   Cumbre del ALBA (2007), *op. cit.*

[55]   *Ibíd.*

Ramírez considera que el ALBA debe ser un mecanismo para transformar el sistema educativo en la región: "En el fondo estamos construyendo propuestas educativas con un sentido antiimperialista porque el desarrollo de nuestros pueblos pasa por una confrontación con las fuerzas del imperio a lo interno de los países del ALBA."[56]

También en la Cumbre de Barquisimeto se creó el ALBA salud, para tratar otra área de gran importancia en la región. Así, en la Declaración Final de esa cumbre se afirmó que "el proyecto ALBA en salud es una de las más poderosas armas de justicia social para demostrar en la práctica la superioridad humana de las nuevas políticas y relaciones generadas desde el ALBA."[57] En este marco, se aprobó promover un Plan Grannacional para desarrollar la Misión Salud en los países del ALBA, que permita implantar sistemas públicos de salud de acceso universal.

Igualmente, se creó en Barquisimeto el ALBA alimentación, bajo el argumento de que "el ALBA está obligado a garantizar la alimentación de nuestros pueblos en calidad y cantidad suficientes. El logro de este objetivo constituye la prueba de fuego del conjunto de proyectos estructurantes."[58] Se acordó en esta materia la creación del Banco de Alimentos, para garantizar el abastecimiento y la promoción de una empresa Grannacional de producción Agroalimentaria.

3.4. El Banco del ALBA

La propuesta de establecer un Banco del ALBA se presentó en junio de 2007, durante la primera reunión del

---

[56]   ALBA-Educación: mecanismo que erradicará analfabetismo de países del bloque, 2010. Disponible en línea: http://www.alianzabolivariana. org/modules.php?name=News&file=article&sid=6241.

[57]   Cumbre del ALBA (2007), *op. cit.*

[58]   Cumbre del ALBA (2007), *op. cit.*

Consejo de Ministros. Posteriormente, se realizaron seis reuniones técnicas, la última de ellas el 24 de enero de 2008, cuando se definió a nivel ministerial el Acta Fundacional, el Convenio Constitutivo y el capital del Banco del ALBA-TCP. Dos días después, en la VI Cumbre del ALBA, los presidentes aprobaron el Acta Fundacional y dos meses después se acordaron los contenidos del Convenio Constitutivo.[59]

De acuerdo con el Acta Fundacional, el Banco tiene por objeto "coadyuvar al desarrollo económico y social sostenible, reducir la pobreza, fortalecer la integración, reducir las asimetrías, promover un intercambio económico justo, dinámico, armónico y equitativo de los miembros del acuerdo ALBA."[60] Entre las funciones específicas, en el artículo 3 del Acta Fundacional se señalan:

> Financiar programas y proyectos de desarrollo en sectores claves de la economía, orientados a mejorar la productividad y eficiencia, la generación de empleo digno, el desarrollo científico-técnico, innovación, invención, la complementariedad y desarrollo de las cadenas productivas, la agregación de valor y maximización del uso de materias primas regionales, protección de los recursos naturales y conservación del medio ambiente; financiar programas y proyectos de desarrollo en sectores sociales para reducir la pobreza y erradicar la pobreza extrema, la exclusión étnica, social, de género y mejorar la calidad de vida; financiar programas y proyectos que favorezcan el comercio justo y el proceso de integración latinoamericana y caribeña; crear y administrar fondos especiales como los de solidaridad social y de

---

[59]   Romero, Antonio (2010), *La Integración y Cooperación en América Latina y el Caribe y la Emergencia de Nuevos Espacios de Integración: El ALBA-TCP*, ponencia presentada en el Seminario Internacional "Situación Actual de la Integración en América Latina y el Caribe", organizado por FLACSO con el apoyo de AECID, La Habana, Cuba, 19 de febrero de 2010, pp. 9-10.

[60]   ALBA (2008), *Acta fundacional del Banco del ALBA*, Caracas, República Bolivariana de Venezuela, a los veintiséis (26) días del mes de enero de 2008, Artículo 2.

emergencia ante desastres naturales, entre otros, todo ello mediante la realización de operaciones financieras activas, pasivas y de servicios.[61]

En lo que respecta al capital inicial del Banco, el capital suscrito es de US$ 1.000 millones y el autorizado es de US$ 2.000 millones.

3.5. La creación del SUCRE (Sistema Unificado de Compensación Regional de pagos)

La iniciativa de crear el SUCRE se anunció en la III Cumbre Extraordinaria del ALBA, realizada en Caracas, en noviembre de 2008. En la Declaración Final del encuentro se señaló que los presidentes y jefes de gobierno "formularon propuestas concretas para constituir una zona económica y monetaria del ALBA-TCP que proteja a nuestros países de la depredación del capital transnacional, fomente el desarrollo de nuestras economías y constituya un espacio liberado de las inoperantes instituciones financieras globales y del monopolio del dólar como moneda de intercambio y de reserva. En este sentido acordaron:

> Construir una Zona Monetaria que incluya inicialmente a los países miembros del ALBA (la mancomunidad de Dominica participaría en calidad de observadora) y a la República del Ecuador, mediante el establecimiento de la Unidad de Cuenta Común SUCRE (Sistema Unitario de Compensación Regional) y de una Cámara de Compensación de Pagos. La creación de esta Zona Monetaria se acompañará del establecimiento de un Fondo de Estabilización y de Reservas con aportes de los países miembros, con el fin de financiar políticas expansivas de demanda para enfrentarse a la crisis y sostener una política de inversiones para el desarrollo de actividades económicas complementarias.

---

[61]   *Ibíd.*

En definitiva, la idea es articular una respuesta regional, impulsada por el ALBA-TCP, que busque la independencia con respecto a los mercados financieros mundiales, cuestione el papel del dólar en la región y avance hacia una moneda común –el SUCRE–, y contribuya a la creación de un mundo pluripolar.[62]

Posteriormente, en diciembre de 2010 se crearon comités técnicos para plantear la implementación del SUCRE. El primero de ellos se encargó de analizar la Unidad de Cuenta Común. El segundo evaluó la creación de la Cámara Central de Compensación de Pagos. El tercero examinó el Fondo Mixto de Estabilización y Desarrollo. El cuarto analiza el Consejo Monetario Regional. El quinto consideró el tema del comercio intrarregional. Y el sexto los aspectos legales vinculados a la aplicación del SUCRE.[63]

En la V Cumbre Extraordinaria del ALBA, realizada en la ciudad venezolana de Cumaná, en abril de 2009, se aprobó el Acuerdo Marco del SUCRE, el cual está dirigido por un Consejo Monetario Regional del SUCRE, que es el máximo organismo de decisión, y estará conformado por: el "SUCRE" como unidad de cuenta; la Cámara Central de Compensación de Pagos; y el Fondo de Reservas y Convergencia Comercial.[64]

El Consejo Monetario Regional tendrá, entre otros, los objetivos de:

- Promover y contribuir a promover un sistema monetario regional transparente, generador de riqueza, estable, que fomente el desarrollo económico sustentable.
- Hacer seguimiento de las políticas e instrumentos monetarios de los países miembros, y sugerir acciones.

---

[62]   *Ibíd.*
[63]   Romero (2010), *op. cit.*, p. 8.
[64]   Cumbre ALBA (2009), *Acuerdo Marco del SUCRE*, V Cumbre Extraordinaria del ALBA, Cumaná, Venezuela, abril de 2009, Artículo 2.

- Elaborar estudios para orientar la regulación del movimiento de capitales.
- Recomendar estrategias, políticas, medidas y mecanismos para prevenir o atenuar las crisis monetarias, financieras y bancarias, así como para expandir el comercio intrarregional y con terceros países que otorguen tratamiento justo.[65]

La unidad de cuenta denominada también SUCRE será utilizada para el registro, valoración y compensación de las operaciones, con miras a la conformación de una zona monetaria regional. Corresponderá al Consejo Monetario Regional establecer los criterios de composición, las variables de ponderación, el tipo de cambio respecto de las monedas nacionales y los mecanismos de ajuste del SUCRE, procurando que éste se mantenga estable en el tiempo[66].

Por su parte, a la Cámara Central de Compensación de Pagos, regida por el Consejo Monetario Regional del SUCRE, le corresponderá realizar todas las actividades relacionadas con la compensación y liquidación de las operaciones autorizadas por dicho consejo.[67] Por último, el Fondo de Reservas y Convergencia Comercial tendrá por objeto ayudar al funcionamiento de la Cámara Central de Compensación, "a través del financiamiento de los déficit temporales que se generen en la misma, o aplicación de cualquier otro mecanismo que el Consejo Monetario Regional del SUCRE estime conveniente, así como reducir las asimetrías comerciales entre los Estados partes, mediante la aplicación de modalidades de financiamiento que estimulen la producción y exportación de los mismos."[68]

---

[65] Romero (2010), *op. cit.*, p. 8.
[66] Cumbre ALBA (2009), *Acuerdo Marco del SUCRE, op. cit.*, Artículo 11.
[67] *Ibíd.*, Artículo 9.
[68] *Ibíd.*, Artículo 10.

4. Una visión crítica del modelo de integración del ALBA

De este sintético análisis de la evolución del ALBA se puede colegir que se trata de una propuesta en construcción, que ha sido fuertemente impulsada desde Venezuela, con el inicial apoyo cubano, y que por ello también ha estado muy vinculada a los cambios políticos que suceden en este país y en la región. El ALBA se presenta como una iniciativa de ruptura, innovadora y transformadora, y ciertamente es imposible no reconocer que propone cosas distintas a las que se desarrollan en otros esquemas de integración, no sólo en América Latina sino también en el mundo general. Se trataría de un grupo de países que habrían decidido agruparse, por un lado, para hacer negocios o incrementar su comercio, y por otro, para crear un espacio regional independiente, autónomo, una suerte de bloque de poder liberador de las cadenas de dependencia regional. Además, este elemento de ruptura está acompañado con la idea de solidaridad. El ALBA promueve una integración solidaria, al servicio de los pueblos, en la cual los países más ricos ayudan a los más pobres del bloque a superar sus ingentes problemas sociales. Por ello, Cuba utiliza sus ventajas en materia de salud y educación para ayudar a la alfabetización o mejora de los sistemas de salud de sus socios, mientras Venezuela usa sus recursos petroleros para asistir a países con problemas de energía o utilizando sus importantes ingresos fiscales para financiar programas sociales y de infraestructura en sus vecinos.

4.1. Los logros del ALBA

En los documentos oficiales del ALBA se describe a este proceso como un proyecto humanista, solidario y al servicio de los pueblos, que se diferenciaría del resto de los proyectos de integración de la región que estarían basados en la competencia económica y la egoísta búsqueda de ganancias. Todas estas propuestas convierten ciertamente al ALBA en un proyecto regional muy distinto a los otros bloques existentes en América Latina.

Su aparición sucede en un momento de ruptura frente al modelo de integración hegemónico en la década de 1990 en América Latina, en el cual el eje de todas las iniciativas era el libre comercio y la regulación de los temas vinculados con éste. Esto implicó el abandono del acervo "integracionista" latinoamericano en el cual la unidad regional tenía, por un lado, un componente político que buscaba "autonomía regional", que era parte de la lógica de integración desde el pensamiento de Simón Bolívar, y por el otro, un abandono de los postulados que concebían a la integración como un mecanismo para diversificación productiva e industrialización, como lo proponía el pensamiento estructuralista de la Comisión Económica para América Latina y el Caribe (CEPAL) y Raúl Prebisch. Igualmente, en el modelo de la década de 1990 la integración carecía de una dimensión social, ya fuese para tratar los efectos negativos de la apertura en ciertos sectores como el de los trabajadores, o como instrumento para ayudar a los problemas sociales que padece América Latina.

En este marco, la aparición del ALBA ha contribuido en el debate sobre un modelo de integración que se adapte a las realidades latinoamericanas. Plantear que la integración no puede limitarse al comercio, sino que debe tener una dimensión social y productiva fue algo positivo. Ciertamente, la forma como el ALBA se propone desarrollar estas dimensiones de la integración es distinta a la manera como se está realizando en otras iniciativas como el MERCOSUR, un proceso en el cual también se está produciendo una revisión del modelo de integración abierta. Mientras en el ALBA se plantea un modelo "antisistémico" de ruptura con el sistema capitalista y que se define como antiimperialista, en el MERCOSUR se está intentando complementar el modelo adoptado en el Tratado de Asunción con políticas de tipo social y productivo. No es el objetivo de este trabajo discutir cuál de estas dos estrategias es la más adecuada o viable. Lo relevante es destacar que el ALBA ha sido un actor importante en este debate.

Vinculado con el argumento anterior, también merece ser destacado el papel del ALBA para rechazar el modelo de "integración Norte-Sur" con su agenda de integración profunda del ALCA. En este sentido, plantear temas como la necesidad de medidas compensatorias o un trato especial y diferenciado para los países de menor desarrollo económico relativo, es rescatar parte del pensamiento cepalista sobre la integración regional abandonado desde fines de la década de 1980. De igual manera, el rechazo a la inclusión de disciplinas OMC plus en temas como la propiedad intelectual, las inversiones, las compras gubernamentales o los servicios, es un punto destacado del ALBA que ha sido confirmado en la delimitación del TCP aprobada en 2009.

4.2. Algunas reflexiones sobre las limitaciones del ALBA

4.2.1. Problemas de conceptualización del "nuevo modelo" de integración

El ALBA se presenta como un nuevo modelo de integración, pero no existe literatura en la cual se lo explique conceptualmente. Es otras palabras, no se conoce la teoría del "modelo de integración ALBA". Apenas se ha mencionado el concepto de "ventajas cooperativas", pero no existe ni una definición de éstas ni una explicación de la forma como operan.

Por otra parte, el ALBA se describe como "un modelo no capitalista", pero tampoco se dan muchos detalles de este modelo. El único modelo no capitalista de integración conocido en el mundo ha sido el Consejo de Ayuda Mutua

Económica (CAME o COMECON), que agrupaba a los países del antiguo bloque soviético. Aunque en el ALBA existen figuras como el comercio compensado y ciertas formas de bilateralismo que la asemejan al COMECON, éste tenía características como la planificación económica que están ausentes en el ALBA. Queda por esperar cuáles son los instrumentos "no capitalistas" originales del modelo ALBA. Muchos instrumentos del ALBA tienen antecedentes en otras iniciativas de integración en América Latina. Por ejemplo, comos se mencionó anteriormente, el SUCRE tienes entre sus componentes un sistema de compensación de pagos, que es similar a los mecanismos de compensación de la ALADI y la Caja de Compensación del Mercado Común Centroamericano. Otro ejemplo es el Banco del ALBA, que aunque de forma expresa señala que dedicará sus recursos a la lucha contra la pobreza, en el fondo es una instancia financiera regional como la Corporación Andina de Fomento (CAF) o el Banco Centroamericano de Integración Económica (BCIE).

4.2.2. El ALBA y el problema del líder o paymaster

En la teoría de la integración se acepta que los procesos regionalistas a nivel internacional requieren un país o un eje de países que los impulse. En el caso de la Unión Europea (UE), se reconoce el eje de Alemania y Francia. En el caso del desaparecido COMECON era la Unión Soviética. En la literatura sobre el tema se utilizan conceptos como país líder, *hegemon*, "Estado pivot" o *paymaster*. El concepto de *hegemon* fue propuesto por la teoría de la estabilidad hegemónica para referirse a un Estado que ejercía el liderazgo en las relaciones económicas y monetarias internacionales; establecía las pautas de conducta económica para los otros países; se esforzaba en que los demás lo siguieran y aceptaba, incluso, una participación excesiva en las cargas del sistema.[69] La teoría se utilizó para explicar el funcionamiento del sistema multilateral, pero pronto se aceptó la posibilidad de la existencia de "*hegemones regionales*", papel que sería desempeñado por potencias medias. Uno de los intereses de estos "*hegemones regionales*" es promover proyectos de integración bajo su liderazgo. Para Pedersen,[70] los procesos de integración se explican en gran medida en base a los intereses de los países más poderosos de la región bajo formas de "hegemonía benevolente" de potencias regionales. Ya en la década de 1980, Duncal Snidal[71] distinguía entre hegemonía benevolente y hegemonía coercitiva, aunque no lo aplicó directamente al caso de la integración regional. Otros especialistas han acuñado el concepto de "Estado pivot", que ha sido descrito como aquel "que en comparación con su vecinos es, *ipso facto*, un Estado poderoso."[72]

En síntesis, como señala Walter Mattli, un proceso de integración requiere de la "presencia de un Estado líder indisputable entre el grupo de países que busca mayores vínculos regionales."[73] Este Estado (llámese líder, *hegemon* regional benevolente o Estado pivotal) tiene como uno de sus rasgos actuar como el *paymaster* del proceso de integración. Sería el punto focal en la coordinación de las

---

[69]   Kindlerberger, Charles P. (1973), *The World in Depression, 1929-1930*, Berkeley, Univeristy of California Press.

[70]   Pedersen, Thomas (2002), "Cooperative Hegemony. Power, Ideas and Institutions in Regional Integration", en *Review of International Studies*, núm. 28, pp. 677-696.

[71]   Snidal, Duncan (1985), "Limits of hegemonic stability theory", en *International Organization*, vol. 39, núm. 4, pp. 285-290.

[72]   Landsberg, Chris (2004), "South Africa: A Pivotal State in Africa", en *Synopsis: Policy Studies Bulletin* 7, núm. 1, p. 1.

[73]   Mattli, Walter (1999), *The Logic of Regional Integration, Europe and Beyond*, Cambridge, Cambridge University Press, p. 100.

reglas, regulaciones y políticas, y que ayuda a aliviar las tensiones distribucionales dentro del bloque regional.[74] Un elemento crucial para el análisis del ALBA es aceptar que Venezuela es el *paymaster*. Esta afirmación no desconoce que Cuba también realiza aportaciones al proceso, pero éstas son considerablemente más pequeñas a las realizadas por el gobierno venezolano. Algunos ejemplos permiten demostrar el papel de *paymaster* desempeñado por Caracas. Uno de ellos es el Banco del ALBA, en cuyo capital inicial Venezuela contribuye con el 85%. Si se toma en cuenta que el capital suscrito inicial del Banco es de US$ 1.000 millones, esto significa que los partes de Caracas son de US$ 850 millones.[75] En el cuadro 6 puede observarse con mayor claridad la magnitud de los aportes de Venezuela en las distintas iniciativas con los países del ALBA.

Ahora bien, Venezuela, líder o *paymaster* del proceso, es una economía aún con serios problemas y su estructura económica es poco diversificada, dependiente de los mercados externos, con poca calidad institucional y una débil garantía de los derechos de propiedad. Además, aunque Chávez goza todavía de popularidad y tiene el control del sistema político, un sector de la población –cuyo promedio histórico, si se toma en cuenta los resultados electorales, ha sido de entre el 40 y 45%– se opone a su proyecto político. Ahora bien, si se produce una severa crisis económica interna debido a la incapacidad del gobierno de sustentar sus políticas actuales, o si estalla una nueva crisis política o si ocurre un descenso en los precios del petróleo, existen razones para pensar que difícilmente Venezuela podrá continuar siendo el *paymaster* del ALBA.

---

[74]   *Ibíd.*
[75]   "Banco del ALBA contará con 85% de capital venezolano", en *Agencia Bolivariana de Noticias*, 9 de diciembre de 2008.

Cuadro 6
Aportes de Venezuela a los países del ALBA

País	Concepto del aporte	Monto en US$
Cuba	Construcción de 150 casas.	2.000.000
	Proyecto de electrificación.	20.000.000
	Proyecto de desarrollo endógeno Pinar del Río.	5.862.000
	Sueldo de 400 dólares mensuales a cada médico cubano.	96.000.000
	Financiamiento para la compra de insumos para la construcción.	10.000.000
	Financiamiento para la compra de materiales de seguridad.	20.000.000
	Líneas de crédito para el sector turismo.	10.000.000
	Construcción de obras sociales en Cienfuegos.	30.400.000
Dominica	Construcción de un nuevo aeropuerto.	10.000.000
	Construcción de barreras de protección marina, viviendas y crédito.	150.000.000
Nicaragua	Programa de salud, educación, agricultura, energía y exportaciones.	90.000.000
	BANDES Proyectos Sociales.	10.000.000
	32 plantas eléctricas.	32.000.000
	Absolución de la deuda.	26.200.000
Bolivia	Donación para ayudar a Bolivia (Fondosur).	30.000.000
	Financiamiento de 5.000 becas de estudio.	16.700.000
	Construcción de una autopista.	300.000.000
	Ayuda para fábrica de casas.	80.000.000
	Canal de Televisión.	5.000.000
	Construcción de estadio de fútbol.	4.000.000
Ecuador	Apertura de BANDES.	10.000.000
Honduras	Condonación de deuda de Petrocaribe.	30.000.000
	Donación de tractores y maquinaria agrícola.	82.000.000
	Programa de ahorro de energía.	7.000.000

Fuente: Romero y Curiel (2009), p. 55.

Este excesivo peso financiero de Venezuela en el ALBA es visto como riesgoso para el futuro del naciente bloque.

Autores como Martin Hart-Landsberg,[76] consideran que la generosidad financiera de Venezuela genera la dependencia del ALBA en un solo país. Uno de esos riesgos es que Caracas termine teniendo un papel excesivo y llegue a minar el proceso de toma de decisiones en el ALBA y su coherencia organizacional. Hart-Landsberg destaca que se ha colocado demasiado peso en las capacidades financieras de Venezuela, destacando que muchos de los proyectos del ALBA se iniciaron cuando el petróleo se vendía a cerca de US$ 150 el barril, y actualmente su precio está considerablemente más bajo. Esto puede afectar la capacidad de cumplir algunos de los proyectos propuestos. Si hipotéticamente esta situación se agravase, nuestra pregunta sería entonces: sin un *paymaster* con una renta a distribuir entre sus socios, ¿podrá subsistir el ALBA?

4.2.3. El ALBA y la internacionalización de la renta petrolera

En este trabajo se argumenta que el ALBA es una aplicación a nivel internacional de la lógica rentística que caracteriza a la sociedad venezolana. Desde su aparición a inicios de siglo XX, el petróleo produjo en Venezuela una forma de capitalismo "rentista", que aunque acepta el mercado y la propiedad privada, se sustenta básicamente en los ingresos que el Estado recibe de la renta petrolera. Por eso autores como Asdrúbal Baptista han argumentado que en el caso venezolano, el Estado es propietario de un objeto natural –los yacimientos del petróleo– en el cual "yacen unos medios de producción (los hidrocarburos) que no son producidos, es decir, que no tienen tras de sí esfuerzo humano alguno."[77] Se trata de una renta en el sentido ricardiano, la cual es captada internacionalmente,

---

[76]   Hart-Landsberg, Martin (2009), *op. cit.*
[77]   Baptista, Asdrúbal (2008), *Itinerario por la economía política*, Caracas, IESA, p. 334.

pues como el petróleo es vendido fundamentalmente en los mercados mundiales, quien paga la renta es el consumidor internacional. Esto es apropiado por parte del Estado venezolano en representación de la nación. Es entonces una renta que es internacional en su origen, lo que da al Estado venezolano un poder de compra internacional.[78]

Este modelo de desarrollo ha sido descrito como capitalismo rentístico, es decir, un sistema basado en la propiedad privada de los medios de producción, la iniciativa privada y el funcionamiento de las reglas del mercado, pero cuyo funcionamiento depende de ingresos que se obtienen del exterior y que no son generados por su actividad productiva. Esta *condición rentística* ha permitido al Estado la posibilidad de utilizar parte de estos recursos, especialmente cuando los precios en los mercados internacionales han sido elevados, para promover objetivos nacionales.[79] El gobierno de Chávez no ha superado este modelo de desarrollo económico basado en la renta petrolera, por lo cual especialistas como Margarita López Maya y Luis Lander,[80] describen al modelo económico actualmente vigente en Venezuela como un socialismo rentista.

El ALBA es una aplicación de esta lógica rentista a nivel internacional. Como señala Asdrúbal Baptista, el grado de libertad que le otorga la renta petrolera al Estado venezolano, le permite al grupo de poder que lidera el actual gobierno "utilizar a discreción el provento rentístico

---

[78]   Baptista, Asdrúbal (2007), "Venezuela y América del Sur: el petróleo como vínculo económico y político", en García Molina, Mario *et al.*, *Retos y perspectivas de la integración energética en América Latina*, Caracas, ILDIS. Baptista, Asdrúbal (1997), *Teoría Económica del Capitalismo Rentístico*, Caracas, Ediciones IESA.

[79]   Véase Baptista, Asdrúbal (1997), *Teoría Económica del Capitalismo Rentístico*, Caracas, Ediciones IESA.

[80]   López Maya, Margarita y Lander, Luis E. (2009), "El socialismo rentista de Venezuela ante la caída de los precios petroleros Internacionales", *Cuadernos del CENDES*, vol. 26, núm. 71, mayo-agosto de 2009, p. 68.

del petróleo a los fines de crear lazos políticos mediante
la satisfacción de diferentes necesidades, entre las cuales
sobresalen –pero sin que sean las únicas– las asociadas
con el consumo de la energía para el desenvolvimiento
económico."[81] Baptista hace una reflexión crucial para
entender la importancia de esta cuestión de la renta petrolera: el grado de libertad económica que concede el
petróleo a su dueño:

> La propiedad del petróleo concede al Estado venezolano el
> derecho de reclamar del mercado mundial un ingreso, cuya
> exclusiva contrapartida es únicamente la nuda propiedad del
> subsuelo. En tal sentido, cabe decir que a su propietario no
> le cuesta nada el ingreso rentístico, por lo que puede dispo-
> ner del mismo sin las limitaciones económicas conocidas.
> Esta falta de contrapartida, tan propia de la renta petrolera
> en cuanto renta, le otorga a su propietario una capacidad
> de gasto e influencia sin las restricciones que impone en
> cualquier caso productivo normal el elemental balance
> entre ingresos y costos.[82]

En consecuencia, el Estado venezolano puede transferir su renta a otros países sin que medie contrapartida
económica. Esto lo permite la racionalidad de la renta: "A
la ausencia de contrapartida en el origen cabe asimilarle
la ausencia de contrapartida en el destino."[83] Por ello, el
Estado puede muy bien transferir el provento a otras poblaciones más allá de las fronteras venezolanas. De nuevo
citando a Baptista:

> Así como los venezolanos a lo largo de las décadas han
> disfrutado de ventajas enormes en el consumo, en las re-
> muneraciones reales, en servicios gratuitos, en acceso a
> servicios sin costos [...] puede muy bien decidirse que otros,
> por ejemplo, los más desposeídos de otras latitudes nacio-

---

[81] Baptista, Asdrúbal (2007), *op. cit.*, p. 98.
[82] *Ibíd.*
[83] *Ibíd.*

nales, del mismo modo gocen de esos disfrutes. Se crearía
así un vínculo de presunta solidaridad, que de mantenerse
crearía lazos populares allende las fronteras.[84]

Carlos Romero[85] señala que la política rentística ha sido
trasladada a la política exterior y es aprovechada "por actores que manipulan la ayuda venezolana (renta geopolítica)
para capturarla y tener acceso a ella (fundamentalmente
la de carácter energético) y no por las vías comerciales
(intercambio) y económicas (valor agregado)." Romero
señala que Chávez usa la renta petrolera para promover
su liderazgo continental. Esto lo hace mediante favores,
donaciones, traspasos, pagos a terceros, ayuda directa,
financiamiento e inversiones sin tasa de retorno, a sus
aliados, tanto en el gobierno como en los grupos sociales
de la región. Según Romero,[86] "esta operación llamada de
rent-seeking se está convirtiendo en un elemento especial
en la concepción de la integración que tiene el gobierno
de Venezuela."

La internacionalización de la lógica rentística por parte
de Venezuela, que es el soporte económico del ALBA, puede
generar en el seno de éste una forma de acción estatal que
en la teoría de las relaciones internacionales se conoce
como el problema de los *free riders* o polizón. En una lógica
de acción colectiva, un *free rider* es un actor que se beneficia
del uso de un bien o servicio pero sin pagar por él. Esto
fue ampliamente analizado por Mancur Olson[87] como una

---

[84]   *Ibíd.*
[85]   Romero, Carlos (2007), "La integración como instrumento de la política
       exterior de Venezuela", trabajo presentado en el Seminário Internacio-
       nal *O quebra-cabeça da integração sul-americana. Desafios nacionais,
       regionais y globais,* realizado en el campus de la PUC-Rio / Brasil el 15,
       16 y 17 de agosto de 2007, p. 4.
[86]   *Ibid.,* pp. 3-4.
[87]   Olson, Mancur (1971), *The Logic of Collective Action, Public Goods and
       the Theory of Groups,* Cambridge, Harvard University Press.

severa limitación de la acción colectiva, pues puede causar que para un actor, el costo de la acción colectiva pueda resultar muy superior al beneficio individual que pueda obtener de ella. La existencia de *free riders* desestimula la cooperación internacional, pues se supone que todos los actores que participan en los procesos cooperativos deben beneficiarse. En el caso del ALBA, además de Venezuela, Cuba realiza un aporte al proveer el equipo humano que gestiona las Misiones. La contribución de los otros socios es poco clara. Por lo tanto, actúan como *free riders*, que son tolerados por el país hegemónico en el proceso, que decide asumir las cargas inherentes al liderazgo que tiene en el proceso.

Es cierto que Venezuela se ha beneficiado de la ayuda cubana en el desarrollo de las Misiones, pero surgen entonces dos cuestiones. La primera es la cuestión del equilibrio en la cooperación, que en el caso concreto del ALBA se plantea en comparar el aporte de la cooperación de Venezuela con Cuba, y la de este país con Venezuela. Por otra parte, en el resto de los países, la actuación como *free riders* es más notoria.

Como señala Baptista, la más notoria de estas limitaciones de la internacionalización de la lógica rentística es el tamaño de la renta del petróleo, que aunque luzca muy significativo, "es una verdad de perogrullo que no alcanza para todos los que de ella podrían beneficiarse". Además, existe el riesgo de que comiencen a producirse presiones desde el interior de la sociedad venezolana para acotar los volúmenes de esas transferencias unilaterales.[88] Si ocurre una caída en los precios del petróleo que pueda reducir los ingresos domésticos se puede generar, por un lado, una reducción del volumen de la renta a distribuir, y por otro lado, una crisis doméstica que implique la adopción

---

[88] Baptista, Asdrúbal (2007), *op. cit.*, p. 99.

de medidas económicas que limiten la capacidad acción rentística del Estado. La pregunta sería: esta actitud de tolerancia frente a los *free riders,* ¿se mantendría en el caso de una crisis económica que afecte la capacidad de Venezuela de seguir siendo el *paymaster* del ALBA?

4.2.4. El ALBA y las estrategias nacionales frente a los otros esquemas de integración en la región

Algunos especialistas conciben al ALBA como un modelo de integración solidaria que "no solamente representa una alternativa real al proyecto de la zona de libre comercio ALCA, dominada por los EE.UU., sino también se puede entender como una crítica a los bloques económicos existentes, MERCOSUR y CAN."[89] Judith Valencia[90] coincide con este argumento al aseverar que "el ALBA debe proponerse ir diluyendo –por sustitución– todos los proyectos anteriores hasta vaciarlos de sentido." A pesar de estas afirmaciones, en el plano empírico se observa que salvo Cuba y Venezuela, los otros miembros del ALBA mantienen sus compromisos en otros acuerdos de integración.

Surge entonces el problema sobre la compatibilidad del ALBA como modelo de integración y la participación de algunos de sus miembros en estos otros procesos de integración. Existen contradicciones entre la lógica del funcionamiento del ALBA y otros mecanismos de integración como el MERCOSUR, al cual Venezuela está en proceso de adhesión, la Comunidad Andina (a la que pertenecen Bolivia y Ecuador), el SICA (del cual es parte Nicaragua) o la CARICOM (en el cual participa Dominica, San Vicente y Granadinas y Antigua y Barbuda). En la sección anterior se explicaron algunos de los instrumentos del ALBA, algunos

---

[89]   Fritz, Thomas (2007), *ALBA contra ALCA. La Alterativa Bolivariana para las Américas: una nueva vía para la integración regional en Latinoamérica,* Berlín, Centro de Documentación Chile Latinoamérica.
[90]   Valencia, Judith (2005), *op. cit.*

de los cuales se distancian mucho de los existentes en estos cuatro bloques regionales. No existe la meta de crear una zona de libre comercio o una unión aduanera. No se plantea la libre circulación de los factores de producción, algo que sí está presente en las cuatro iniciativas mencionadas. En el ALBA tampoco se considera regular los temas relacionados al comercio como la propiedad intelectual o las inversiones, que son objeto de una legislación común en proceso como la CAN y la CARICOM. El modelo económico de estos procesos es claramente capitalista, mientras el ALBA se presenta como un modelo no capitalista de integración.

En este contexto, resulta difícil entender la lógica de acción nacional de los países del ALBA. Por ejemplo, Bolivia propone formas de comercio compensado en el ALBA, pero al mismo tiempo es parte de una zona de libre comercio en la CAN. Se podría argumentar que Bolivia es miembro de esta zona de libre comercio andina desde antes de la llegada de Evo Morales a la presidencia, pero surge de inmediato la pregunta de por qué el gobierno actual no plantea su salida de la misma. Más complejo es el caso de Venezuela, que está en proceso de adhesión al MERCOSUR, lo que implica que apenas va a iniciar un proceso de desgravación comercial para ser parte de la zona de libre comercio de este bloque, pero al mismo tiempo se opone al libre comercio en el ALBA. Esta suerte de dualidad en la política de integración de los países del ALBA es un tema que ciertamente genera confusión al momento de analizar este proyecto regional.

Otra contradicción en este aspecto es lo que en este ensayo defino como el "dilema nicaragüense", un situación aun más compleja de entender que la dualidad analizada en los párrafos anteriores. Nicaragua es miembro del ALBA desde que Daniel Ortega asumió la presidencia en 2007, pero al mismo tiempo es parte del CAFTA-RD, el Tratado de Libre Comercio que los cinco países centroamericanos

y República Dominicana suscribieron con Estados Unidos
en 2004. Ciertamente, el CAFTA fue suscrito antes de la
llegada de Ortega al poder, pero éste nunca se ha planteado
denunciar el tratado y retirarse del mismo. Ahora bien,
resulta difícil hacer compatibles ambos proyectos. Esto
fue reconocido incluso por el especialista cubano Osvaldo
Martínez,[91] quien considera que el ALCA y el ALBA son
"no sólo diferentes, sino también excluyentes". Los TLC
bilaterales como el CAFTA son para este autor la otra cara
del ALCA. En consecuencia, no es compatible participar al
mismo tiempo en el ALBA y ser parte del CAFTA u otro TLC.
El primero es una forma de integración de los pueblos, los
segundos corresponden a la integración de los capitales.[92]

Entonces, resulta difícil entender cómo un país puede
asumir compromisos en el CAFTA y en el ALBA al mismo
tiempo. EL CAFTA es no sólo un tipo de integración capitalista, sino también la expresión del modelo que Estados
Unidos viene proponiendo desde fines de la década de
1980 a través del Acuerdo de Libre Comercio con Canadá, el
TLCAN, y el fallido proyecto del ALCA. Como se ha venido
señalando, este modelo de integración no sólo se basa en
la radical apertura de los mercados, sino también en una
agenda de integración profunda que establece compromisos OMC plus en temas como la propiedad intelectual,
los servicios, las compras gubernamentales o los servicios.
EL ALBA, en cambio, se presenta como un modelo no
capitalista, que no se basa en la competencia sino en la
solidaridad, que privilegia el comercio justo y compensado
al libre comercio y en el cual se rechaza cualquier regulación de temas como la propiedad intelectual o los servicios,
por lesionar el derecho de acceso a los medicamentos o

---

[91]   Martínez, Osvaldo (2006), *op. cit.*, p. 77.
[92]   *Ibíd.*, pp. 77.

el derecho a la educación. ¿Cómo podría compatibilizar Nicaragua su pertenencia al ALBA y al CAFTA? En una entrevista concedida en febrero de 2010, el ministro de Fomento, Industria y Comercio de Nicaragua, Orlando Solórzano, al tratar este tema aseveró:

> Nosotros no vemos, como han dicho algunas personas, que la Alianza Bolivariana para las Américas, ALBA, sea, por ejemplo, una contradicción con el CAFTA [...] Naturalmente son dos pensamientos políticos y dos filosofías diferentes pero eso no quiere decir que en el aspecto real no se pueden considerar complementarios. Nosotros vemos al ALBA como complementario al CAFTA. Y nosotros vemos al acuerdo de asociación con Europa como complementario del CAFTA y del ALBA. Porque hemos estado tejiendo una red de tratados comerciales y de acuerdos de asociación y de integración para asegurarnos el acceso al mercado y una mayor complementariedad productiva y comercial.[93]

Esta afirmación de Solórzano es compartida por buena parte de los actores no estatales nicaragüenses, que piensan que el CAFTA y el ALBA son complementarios.[94] Surge entonces la pregunta, al menos para algunos sectores políticos y económicos en Nicaragua, de si el ALBA puede realmente considerarse como un nuevo modelo de integración antiimperialista y anticapitalista.

---

[93] "Es posible una nueva Nicaragua con nuevas oportunidades para la gente pobre" (2010), Entrevista con el ministro de Fomento, Industria y Comercio de Nicaragua, Orlando Solórzano, 25 de febrero de 2010. Disponible en línea: http://www.radiolaprimerisima.com/noticias/general/71381 (consulta: 9 de julio de 2010).

[94] Carrión Fonseca, Gloria María (2008), "Nicaragua. El CAFTA-DR, el ALBA y la Trinidad del Desarrollo Sostenible", en *Revista Envío*, núm. 321, diciembre de 2008, Universidad Centroamericana. Disponible en línea: http://www.envio.org.ni/articulo/3903

5. La política del ALBA, ¿solidaridad o realismo político?

Aunque desde sus orígenes el ALBA tuvo un componente político vinculado al enfrentamiento al ALCA y la cada vez más compleja relación de Venezuela con Estados Unidos a partir de 2003, en los años recientes la iniciativa bolivariana ha incrementado la adopción de un activismo político que se expresa en su actuación como bloque en asuntos de interés regional y global. Ya en la VI Cumbre Extraordinaria del ALBA, realizada en Maracay, Venezuela, en junio de 2009, se creó un Consejo Político del ALBA. En esta dimensión política cabe destacar la reacción del ALBA frente al golpe de Estado en Honduras que destituyó al presidente Manuel Zelaya en julio de 2009. El ALBA fue el primer bloque regional que de manera pública manifestó su rechazo a la acción golpista contra el gobierno constitucional de Honduras. Más recientemente, el ALBA actuó como bloque en la Cumbre Mundial sobre el Medio Ambiente que se realizó en Copenhague, en diciembre de 2009. Igualmente, el ALBA emitió un documento en el cual manifestó su preocupación por la presencia militar de Estados Unidos en Haití después del terremoto que afectó a ese país en enero de 2010.

En su configuración actual el ALBA constituye un proyecto político estratégico que se propone actuar como un bloque de poder en el contexto latinoamericano e incluso a nivel global. Esta afirmación nos da una respuesta a la cuestión de por qué Venezuela admite la actuación de los *free riders*: la contraprestación de éstos es el apoyo político a Caracas siendo parte de un bloque regional que propone una agenda crítica al *statu quo* internacional. El apoyo puede tener aspectos retóricos, como la decisión de Nicaragua de no retirarse del CAFTA, pero tiene también un valor real al momento de actuar en común, como sucedió en caso del golpe de Estado en Honduras, que posicionó a Venezuela liderando una posición común sobre un tema de gran sensibilidad en América Latina. Existen dos enfoques de análisis sobre las razones por la cuales un país brinda apoyo a otros Estados en situación menos ventajosa que la suya. El primer enfoque ha sido desarrollado en el marco de la teoría realista de las relaciones internacionales. Hans Morgenthau, por ejemplo, argumenta que el único tipo de ayuda que no tiene un trasfondo político es aquella dada en los casos de catástrofes naturales, como por ejemplo la brindada a Chile luego de terremoto de febrero de 2010. Al margen de esto, la ayuda a los países extranjeros es un acto eminentemente político, lo que significa que un Estado brinda ayuda sólo si ve algún tipo de beneficio que le permita avanzar sus intereses nacionales.[95] El segundo enfoque es un enfoque humanista, según el cual un país brinda ayuda porque es lo correcto, es lo que se debe hacer. Este enfoque se basa en un discurso que enfatiza la dimensión moral de la vida internacional y la responsabilidad de algunos países que disponen de ciertos recursos para mejorar el orden existente.

Existen razones para favorecer el enfoque realista al explicar el ALBA. Se debe tener un punto de partida: el ALBA nace como un proyecto venezolano, o quizá, como se explicó anteriormente, de Hugo Chávez. El ALBA ha sido el espacio en el cual el gobierno venezolano ha desarrollado con mayor intensidad su política rentística. Los programas de apoyo energético, como Petrocaribe, el financiamiento de las Misiones internacionales, el fomento de EGN, son mecanismos del ALBA en cuyo financiamiento el papel

---

[95] Morgenthau citado por Burges, Sean W. (2007), "Building a global southern coalition: the competing approaches of Brazil's Lula and Venezuela's Chávez", en *Third World Quaterly*, vol. 28, núm. 7, octubre de 2007, p. 1345.

de Venezuela ha sido crucial. Es notorio que la actuación de este país como *paymaster* está relacionada a la promoción de objetivos de su proyecto político doméstico, que son parte de su política exterior y de su estrategia de integración. En este sentido, el ALBA es la expresión política de un "Estado revolucionario", en el escenario de integración en América Latina. Un Estado revolucionario sería aquel que no busca solamente "mejorar su posición relativa en la configuración del equilibrio entre las potencias", sino que además "rechaza el orden internacional, sus instituciones, sus normas, sus prácticas y se proponen remodelarlo a partir de otra lectura del mundo, sea social, racial o religiosa."[96] Fred Halliday[97] señala que una de las consecuencias internacionales de la existencia de "Estados revolucionarios" es su compulsión a promover, si no a "exportar", sus revoluciones. Citando a Halliday: "Los Estados revolucionarios conciben la internacionalización de su lucha como parte de su consolidación interna: militarmente ganan unos aliados con ideas semejantes, económicamente ganan unas relaciones de colaboración con esos aliados e ideológicamente obtienen la promoción internacional de ideales similares a los que legitiman su propio régimen."[98]

Estos criterios se aplican a la forma como el gobierno venezolano concibe al ALBA en el marco de una estrategia internacional. En primer lugar, Chávez desea crear un *mundo multipolar,* pues, en su opinión, el orden global posterior a la Guerra Fría se caracteriza por el unipolarismo estadounidense, generando un desequilibrio de poder en las relaciones internacionales. Por ello, es necesario crear,

---

[96]   Rucker, Laurent (2004), "La contestation de l'ordre international : les États révolutionnaires", en *Revue internationale et stratégique,* núm. 54, París, p. 110.

[97]   Halliday, Fred (2002), *Las relaciones internacionales en un mundo en transformación,* Madrid, Libros de la Catarata, p. 119.

[98]   *Ibíd.*

según Chávez, "polos de poder alternativos" que permitan restablecer el equilibrio perdido una vez concluida la Guerra Fría. A partir del año 2004, el objetivo de construcción de un orden multipolar se mantuvo, pero fue gradualmente sustituido por un discurso antiimperialista, escaso en los documentos oficiales de los primeros años de la "revolución bolivariana". En segundo lugar, Chávez ha desarrollado una compaña de rechazo al neoliberalismo, lo que constituye una proyección internacional del cambio de estrategia económica que adopta su gobierno al abandonar las políticas de reforma estructural aplicadas en la década de 1990. Su crítica no era sólo a la adopción de políticas económicas nacionales inspiradas en las políticas neoliberales, sino también a la forma como éstas se habían convertido en el fundamento de la integración latinoamericana. Después de 2004, la lucha contra el neoliberalismo se transformó en el rechazo al sistema capitalista y la promoción del "Socialismo del siglo XXI". Ya no se trataba de una crítica al enfoque neoliberal, monetarista (vinculado a la Escuela de Economía de Chicago) de construir el capitalismo, sino a este sistema en sí. Estos tres elementos de la política exterior de Venezuela se articulaban con la meta de promover la "integración bolivariana", que se propondría crear un bloque de poder sudamericano capaz de influir en la política mundial.[99]

Estos objetivos configuran una estrategia de ruptura de la dependencia con los países del Norte, en particular contra Estados Unidos, que es visto como un enemigo, instigador y financista de la oposición política que ha intentado sin éxito poner fin a la "revolución bolivariana" y

---

[99]   Briceño Ruiz, José (2010), "Los cambios en la política exterior de Venezuela y 'el giro hacia el sur' de Chávez", en Bizzozero, Lincoln (editor), *Estados y regiones en el sistema internacional del siglo XXI*, Montevideo, Ed. Banda Oriental (en prensa).

que se opone a las transformaciones sociales en América Latina. Aunque se adopte un discurso del enfoque humanista, al promover el ALBA, en la práctica el gobierno venezolano también está actuando bajo una lógica de política de poder, internacionalizando la renta petrolera para ayudar a países que comparten un proyecto político similar al suyo, como Cuba, Ecuador, Bolivia y Nicaragua, que también son Estados revolucionarios que comparten con Venezuela la idea de ruptura con el orden regional y mundial imperante. Como afirma la especialista cubana Lourdes María Regueiro Bello,[100] "el ALBA constituye un compromiso político con la transformación del orden económico y social existente". ALBA expresa una ruptura con la homogeneidad ideológica que existió en la región en la década pasada. El ALBA sería el marco institucional de acción concertada de un grupo de "Estados revolucionarios", que se plantea crear un polo de poder dentro de un subsistema internacional (América Latina), cada vez más heterogéneo, en el sentido que Raymond Aron dio a este término.[101] Entonces, el ALBA es la proyección regional de procesos políticos y económicos que se describen como revolucionarios en un subsistema internacional latinoamericano cada vez más heterogéneo.

Los especialistas Carlos Nahuel Odonne y Leonardo Granato,[102] definen al ALBA como una modalidad de "autonomía secesionista". En este enfoque el ALBA es la expre-

---

[100]   Regueiro Bello, María Lourdes (2008), *op. cit.*, p. 294.

[101]   Para Aron un sistema internacional heterogéneo es aquel en el cual "los Estados están organizados según principios distintos y que reclaman valores contradictorios". Véase Aron, Raymond (2002), *Paix et guerre entre les nations*, Paris, Calmann-Lévy, p. 108.

[102]   Odonne, Carlos Nahuel y Leonardo Granato (2007), "Los nuevos proyectos de integración regional vigentes en América Latina: la Alternativa Bolivariana para Nuestra América y la Comunidad Sudamericana de Naciones", en *Oikos Revista de Economía Heterodoxa*, núm. 7, año 6, Río de Janeiro, p. 38.

sión de un proyecto que propone un nuevo orden regional. Autonomía secesionista es un concepto acuñado por Juan Carlos Puig, internacionalista argentino, quien desarrolló una teoría de la autonomía. De acuerdo a este analista existen cuatro grados de dependencia-autonomía en los países en desarrollo: la dependencia paracolonial; la dependencia nacional; la autonomía heterodoxa; y la autonomía secesionista. Esta última la define así: "La secesión significa el desafío global. El país periférico corta el cordón umbilical que lo unía a la metrópoli: sus repartidores supremos deciden sin tener en cuenta, espontánea u obligatoriamente, los intereses estratégicos globales de la potencia dominante como conductora del bloque del cual se retira."[103] Sin embargo, es preciso recordar que para Puig, el riesgo de optar por promover un tipo de autonomía de este tipo reside en que si el país que lo impulsa no es estable o viable, se podría fracasar y regresar a las condiciones anteriores de dependencia.[104]

Finalmente, es importante destacar el poco interés de los grandes países latinoamericanos en ingresar al ALBA. En el caso mexicano es fácil de explicar, debido a la marcada diferencia ideológica de sus gobiernos con el proyecto ALBA. En cambio, los casos de Argentina y Brasil son interesantes. Argentina, bajo los gobiernos de Néstor Kirchner y Cristina Fernández de Kirchner, ha establecido cercanos lazos económicos con Venezuela, que incluso le brindó una valiosa ayuda para resolver su crisis energética o en la compra de bonos de su deuda externa.[105] Brasil también ha

---

[103]   Puig, Juan Carlos (1980), *Doctrinas internacionales y autonomía latinoamericana*, Caracas, Instituto de Altos Estudios de América Latina en la Universidad Simón Bolívar, p. 154.

[104]   Véase Tokatlian, Juan Gabriel y Carvajal H. Leonardo (1995), "Autonomía y política exterior: un debate abierto, un futuro incierto", en *Afers Internationals*, núm. 28, p. 29.

[105]   Así, por ejemplo, en abril de 2010 ambos países suscribieron 25 acuerdos de cooperación en las áreas de alimentos, construcción y energía.

consolidado sólidas relaciones económicas con Venezuela, incluso en el ámbito energético. Sin embargo, ninguno de estos países es parte del ALBA. ¿Por qué? La extensión de este ensayo no permite un análisis amplio del asunto, pero dos hipótesis pueden mencionarse. La primera es que ambos países tienen ya un proyecto común en el cual son líderes: el MERCOSUR. Esta es una iniciativa resultado de una alianza estratégica entre estos dos países que usan, aunque ciertamente no siempre de forma coherente, como plataforma de inserción, al menos en su entorno natural, como es América del Sur. No se percibe entonces la necesidad de entrar en un nuevo proyecto liderado desde Caracas. La segunda hipótesis es que ni Argentina ni Brasil se definen como Estados revolucionarios que buscan una ruptura con el orden internacional o con Estados Unidos. Al contrario, quieren ser parte de la construcción de ese orden, como lo evidencia su participación en el G-20, instituido para diseñar el nuevo orden económico y financiero posterior a la crisis de septiembre de 2009, o la reciente participación de ambos en la Cumbre de Seguridad Nuclear convocada por Estados Unidos en abril de 2010.

Conclusiones

El ALBA es un proceso naciente, que en su corta vida ha sufrido grandes cambios. A pesar de ser en buena medida ignorado en sus años iniciales, desde 2004 ha adquirido una relevancia en el debate integracionista en América Latina y el Caribe. Esto se ha visto reforzado no sólo por su crecimiento como grupo sino también por suceder en un momento en que los otros esquemas de integración regional, como el MERCOSUR o la CAN, atraviesan por periodos de dificultades. En este sentido, el ALBA se presenta como un nuevo modelo de integración promovido por

Estados revolucionarios que intentan expandir su modelo político doméstico en el plano internacional a través de una estrategia de ruptura del orden internacional existente y la promoción de la solidaridad para convertir a la integración en un mecanismo para resolver los problemas de la pobreza y desigualdad en la región.

Esto es ciertamente algo innovador y convierte al ALBA, en algunos aspectos, en un mecanismo distinto a los otros procesos de integración como el MERCOSUR o la CAN. Además de la revisión del modelo de integración basado sólo en el comercio y la apertura, que fue hegemónico en América Latina en las décadas pasadas, también realizó contribuciones críticas durante el debate sobre el ALBA, aunque en ese momento era esencialmente una iniciativa venezolana.

Sin embargo, existe toda una compleja realidad en torno a esta iniciativa de integración que plantea interrogantes sobre su sustentabilidad en el tiempo. En primer lugar, se trata de una iniciativa que se basa en la internacionalización de la lógica rentística de la economía venezolana. En este sentido, Venezuela actúa como el *paymaster* del proceso. Siendo aún un país con problemas económicos, una crisis puede afectar su viabilidad de seguir actuado como *paymaster* y generar una crisis en el ALBA. Por otra parte, la pertenencia de algunos países a otros procesos de integración con compromisos casi contradictorios a los del ALBA también genera dudas sobre su compromiso con esta iniciativa. Finalmente, los países grandes de la región no participan en el ALBA e incluso aquellos como Argentina y Brasil, que tienen buenas relaciones con los países de este bloque, se abstienen de emitir comentarios sobre el mismo. Debido a todos estos factores, el ALBA se puede considerar aún un proceso en construcción, cuyo desarrollo, independientemente de su éxito o fracaso, será de interés para los estudiosos de la integración en América Latina.

Nuevos escenarios de integración regional: el ALBA

Josette Altmann Borbón[106]

América Latina es hoy una región diferente, la democracia prevalece, lo que no era la norma hace un cuarto de siglo. La mayoría de los gobiernos han sido electos por vía democrática, pero de manera cada vez más generalizada, estas democracias tienden a ser más vulnerables. Recientemente –y con mayor facilidad– brotan problemas de gobernabilidad y debilitamiento institucional que están afectando a la mayoría de los países de la región y que hacen necesario mirar los sistemas políticos. En general, en América Latina tenemos sistemas políticos presidenciales donde la figura del presidente es crucial, sin embargo, los últimos años han marcado una tendencia en donde, a pesar de que se elige al presidente con la mayoría de votos emitidos, en muchos casos esa mayoría no llega a concretarse en los parlamentos, lo que dificulta los procesos de gobernabilidad democrática.

Los debates en torno a las realizaciones de la democracia son de larga data y no son exclusivos para América Latina. Aunque en la actualidad el sistema democrático sigue siendo el más extendido por el mundo, se plantean serias dudas sobre su capacidad para cubrir las exigencias de representatividad de la ciudadanía y de cohesión social.

---

[106] Coordinadora Regional del Cooperación Internacional y Directora del Observatorio de la Integración Regional Latinoamericana (OIRLA) de la Secretaría General de FLACSO.

Aún ahora, al referirse a la democracia, por lo general se utiliza como punto de referencia el modelo de democracia liberal representativa, el cual ha significado un avance político importante en la historia de la humanidad, pero demuestra tener puntos vulnerables que producen *déficits democráticos*.[107]

Estos *déficit democráticos* pueden señalarse en dos áreas específicas para nuestra región: una primera relacionada con un mayor descontento con la clase política e incluso con el sistema democrático; y la segunda tiene que ver más con los derechos económicos, sociales y culturales que siguen estando rezagados en muchas de las sociedades latinoamericanas, pese al fortalecimiento del sistema político.[108] A su vez, este descontento con el *statu quo* tuvo una doble manifestación, por un lado logró que partidos políticos y coaliciones de izquierda o centro-izquierda accedieran mayoritariamente al poder en los procesos electorales que dieron inicio en el año 2005, y por otro, vino a ser el caldo de cultivo para que resurgiera vigorosamente el modelo político del populismo, creación y aporte latinoamericano al estudio de las Ciencias Políticas.

Cabe destacar, por un lado, que este modelo propició una serie de nuevos liderazgos que comparten algunos rasgos en sus discursos tanto nacionalistas como de confrontación con los Estados Unidos, que llaman a la desobediencia civil, y que pertenecen a una gama de diferentes movimientos sociales que van desde el indigenismo de

---

[107]   Oller Sala, Dolores (1999), Disertación en *IV Foro sobre la calidad de la democracia: retos y amenazas*, Fundación Hugo Zárate, Valencia, 27 de febrero de 1999. Disponible en línea: http://www.fundacionhugozarate. com/index.php?option=com_content&view=article&id=47&Itemid=63

[108]   Altmann Borbón, Josette (2007), "Democratizar la democracia en América Latina", en *Nombres Propios 2007*, Fundación Carolina, Calamar Edición y Diseño, Madrid. También disponible en línea: www.fundacióncarolina. es

Evo Morales en Bolivia, el peronismo de los Kirchner en Argentina, al caudillismo de Hugo Chávez en Venezuela. Por otro lado, y en el reciente ciclo electoral que da inicio en 2010, la balanza sobre continuidad o cambio de este modelo político pareciera inclinarse al cambio en algunos países por la vía democrática como Chile y Panamá, y en otros por medios no democráticos, como fue el caso del golpe de Estado en Honduras, lo que presagia tiempos complicados para la región.

Luego del desgaste político y las revueltas de Caracas producto de la crisis de los años 1980, de la corrupción política y de la imposibilidad de la clase gobernante de transformar el oro del petróleo en desarrollo nacional, Hugo Chávez obtiene legítimamente el poder en Venezuela con un amplio apoyo social que incluyó, en el momento de la primera elección, estamentos muy importantes de la sociedad venezolana como medios de comunicación, clase media, sindicatos de trabajadores y gremios empresariales, así como a la Iglesia, las Fuerzas Armadas y las clases populares. Su tesis de "revolución bolivariana", tanto dentro como fuera del país, tiene su asiento en contenidos nacionalistas, socialistas y antiestadounidenses. Una particularidad que tiene este modelo "nacional y popular" es que camina de manera ambigua, por sus formas autoritarias de expresión en algunos casos, en torno a la democracia como régimen político de gobierno.

En este escenario, el discurso que relaciona al ALBA con una alternativa para "los pueblos" y los diferentes ámbitos de cooperación, especialmente aquellos relacionados con la "diplomacia del petróleo", flexibiliza la adhesión al mecanismo. Independientemente de las subregiones u otros compromisos que cada gobierno haya adquirido, en buena teoría la pertenencia al ALBA no supone un obstáculo para los avances en otros proyectos de integración.

ALBA en la actualidad

Los países miembros de la Alianza Bolivariana para los Pueblos de Nuestra América (ALBA) reiteraron su decisión de consolidar la capacidad de concertación política para atender temas de alcance regional y global, en el marco de la VIII Cumbre de jefes de Estado del mecanismo, celebrada en La Habana los días 13 y 14 de diciembre de 2009. Bajo esta premisa se comprometieron a seguir reforzando la cooperación en temas sociales y económicos entre sus países y se pronunciaron como bloque respecto a temas de la actual agenda latinoamericana como Honduras, el establecimiento de bases militares estadounidenses en suelo colombiano, y el cambio climático.

La integración regional es vista como esencial para el ALBA. Ha promovido una alianza distinta en América Latina, donde busca diversificar las relaciones internacionales abriendo y privilegiando la relación con diferentes países. Los vínculos con Irán expresan y simbolizan las diferencias con EE.UU., y buscan reafirmar la autonomía de los países del ALBA. También permiten la búsqueda de recursos que difícilmente vendrán del mundo occidental. América Latina busca transformar de manera importante su relación con el mundo. Muestra de ello no sólo son las políticas del ALBA, sino también Brasil, que si bien tiene relación con Irán privilegia sus relaciones con Sudáfrica e India (BISA) y forma parte del bloque de países de economías emergentes como India, Rusia y China (BRIC).

La activa agenda de los países del ALBA en el 2009 – año en que se realizaron siete cumbres presidenciales–, así como la ampliación de sus miembros plenos, han puesto en evidencia que esta propuesta de integración ha ido fortaleciéndose. En la actualidad, cuenta con un papel importante en las decisiones y posiciones que se toman respecto a los principales temas de la agenda latinoamericana

por su poder de veto. El ALBA tiene fuerza para incidir en
América Latina, pero no para decidir.

Antecedentes

El ALBA surge como propuesta alternativa de integración que contrarreste las políticas económicas impulsadas
por Estados Unidos y organismos internacionales como el
Banco Mundial (BM) y el Fondo Monetario Internacional
(FMI).[109] El ALBA es la antítesis del denominado Consenso
de Washington. En 2004, Fidel Castro, entonces presidente
de Cuba, firmó con Hugo Chávez su tratado constitutivo,
y en 2005 se realizó la primera reunión del ALBA. En 2006
se incorporó Bolivia y en 2007 lo hicieron Nicaragua y
Dominica; en 2008 se sumó Honduras[110] y en el 2009 lo
hicieron Antigua y Barbuda, San Vicente y las Granadinas
y Ecuador.

El ALBA refuerza su institucionalidad en la VIII
Comisión Política del mecanismo realizada en febrero de
2009 en Caracas. Allí se acordó la creación de la Comisión
Permanente del ALBA, cuya responsabilidad es dar continuidad a los acuerdos producidos en las cumbres presidenciales y las reuniones ministeriales. Esta comisión
cuenta con una secretaría ejecutiva que le sirve de órgano
de apoyo y cuyo actual secretario ejecutivo es Amenothep
Zambrano. Además de estos dos nuevos órganos, en la VIII

---

[109] FLACSO (2007), *Dossier ALBA*, Cuadernos de Integración en América
Latina, FLACSO, San José, Costa Rica. Disponible en línea: www.flacso.
org. Véase también: www.alternativabolivariana.org

[110] El gobierno de facto envió al Congreso una denuncia contra ALBA para
que Honduras deje de ser miembro de esta iniciativa. El presidente electo
Porfirio Lobo expresó que no estaba entre sus planes volver a incorporar
a Honduras al mecanismo. El Congreso Nacional de Honduras ratificó
la salida del ALBA el 12 de enero de 2010.

Cumbre Presidencial de diciembre de 2009, los mandatarios aprobaron la adecuación de la estructura del ALBA-TCP en tres consejos ministeriales: el Consejo Ministerial Político, el Consejo Ministerial de Complementación Económica, y el Consejo Ministerial Social. Bajo su dependencia están los diversos comités y grupos de trabajo que se vayan creando para las tareas específicas.[111]

La estrategia del ALBA se ha materializado a través de dos esfuerzos principalmente: el primero conformado por la estación continental TeleSur, constituida por seis países –Argentina, Bolivia, Cuba, Ecuador, Nicaragua y Venezuela–, pero abierta a incorporar nuevos socios. Esta empresa multiestatal es vista como una herramienta para coadyuvar la integración latinoamericana, a pesar de que sus transmisiones de carácter comunicacional tienen un claro mensaje ideológico.

La segunda estrategia está orientada al uso del petróleo como instrumento de política exterior. La firma del Acuerdo Energético de Caracas en 2001, la creación de Petrocaribe en 2005 y el proyecto de crear un Cono Energético Sudamericano presentado en la Cumbre del MERCOSUR de junio de 2005 sentaron las bases para crear nuevos escenarios de cooperación para la integración regional.

Petrocaribe defiende un modelo de cooperación energética guiado por un trato especial y diferenciado, cuya base es la política de Venezuela de otorgar precios subsidiados y desarrollar empresas mixtas para operar los mercados del petróleo. Petrocaribe debe ser entendido como un instrumento de cooperación del ALBA que va más allá de cuestiones estrictamente energéticas, donde se analizan otros proyectos como requisito indispensable para la integración, tales como el desarrollo del transporte aéreo y marítimo en la región.

---

[111]　VIII Cumbre de Jefes de Estado del ALBA (2009), *Declaración Política*, La Habana, Cuba, 13 y 14 de diciembre de 2009. Disponible en línea: www.aternativabolivariana.org

La V Cumbre de Petrocaribe realizada en Cuba en 2007, puso de manifiesto cómo la política de trueque y créditos blandos de Venezuela está generando importantes réditos. La creación de una cesta de productos y servicios locales de los países miembros, que sirve como instrumento de compensación para el pago de la factura petrolera, ha permitido que cada vez más naciones se incorporen a Petrocaribe. Con el ingreso de Honduras y Guatemala, Petrocaribe queda integrado por dieciocho países: Antigua y Barbuda, Bahamas, Belice, Cuba, Dominica, Granada, Guatemala, Guyana, Haití, Honduras, Jamaica, Nicaragua, República Dominicana, San Cristóbal y Nieves, Santa Lucía, San Vicente y las Granadinas, Surinam y Venezuela.

En este marco, Petrocaribe se ha convertido en una de las mayores fuentes de cooperación para América Central y el Caribe, a pesar de temores expresados por diferentes grupos con relación a que incorporarse a esta iniciativa implica una encubierta adhesión a los compromisos del proyecto político-ideológico promovido por los países del ALBA.[112]

El gobierno de Venezuela también ha tenido una participación activa en la ejecución de transferencias, donaciones e inversiones hacia los integrantes del ALBA y otros países de América Latina. Carlos Romero y Claudia Curiel dividen estas operaciones económicas en cinco categorías: 1) estrategias PDVSA (ampliación de la capacidad de refinación del petróleo venezolano por parte de PDVSA y las alianzas relacionadas con el tema energético); 2) acuerdos de cooperación energética (venta de petróleo con descuento bajo distintas modalidades); 3) donaciones o aportes directos (transferencias en efectivo o especie en ejecución de convenios comerciales o de cooperación, condonación de deudas o atención de situaciones puntuales);

---

[112] En este escenario, los debates en Costa Rica son claro ejemplo de la polarización político-ideológica que la propuesta genera.

4) intercambios (aportes en petróleo que tienen contraprestación en bienes y servicios suministrados por los
destinatarios); 5) operaciones de financiamiento (compra
de títulos de deuda y operaciones que implican la participación en el financiamiento de otros gobiernos).[113] El peso
de cada una de las categorías se aprecia en el cuadro 1.

Cuadro 1
Fondos de Venezuela según tipo
de operación (1999-2009)

Categorías	Total acumulado (En millones de US$)	Participación, % dentro del total
Estrategias PDVSA.	11.502	31,6%
Acuerdos de coopera-ción petrolera.	14.562	39,9%
Donaciones o aportes directos.	2.108	5,8%
Intercambios.	0.740	2,0%
Operaciones de financiamiento.	7.504	20,6%
Total general.	36.406	

Nota: La información de 2009 sólo se refiere a los meses de enero y
febrero.
Fuente: Romero y Curiel (2009), "Venezuela: política exterior y rentismo",
en *Cuadernos PROLAM/USP*, año 8, vol. 1, p. 53.

En términos generales, los países que más recursos han
percibido son Cuba (35,7%), Argentina (25,2%), Ecuador
(13,9%), Nicaragua (8,4%), Brasil (6,0%), Uruguay (2,7%)
y Bolivia (2,4%). Otros países beneficiados son: Paraguay,

---

[113]   Romero, Carlos y Curiel, Claudia (2009), "Venezuela: política exterior
y rentismo", en *Cuadernos PROLAM/USP*, año 8, vol. 1, pp. 51-53. Disponible en línea: http://www.usp.br/prolam/downloads/2009_1_3.pdf

Honduras, República Dominicana, Dominica, Haití, Jamaica, El Salvador, Guyana, Estados Unidos y Puerto Rico.[114]

En el caso de los fondos destinados a los países que forman parte del ALBA, según cifras del Centro de Investigaciones Económicas de Venezuela (Cieca), los fondos que este país ha destinado a las naciones integrantes del ALBA desde su fundación hasta septiembre de 2008, ascienden a US$ 32.952 millones, lo que representaría el 23,51% de los ingresos fiscales venezolanos. Esta cifra abarca los fondos totales del ALBA, incluyendo Petrocaribe, y la estimación se basa en los anuncios oficiales del gobierno. Sin embargo, debe tomarse en cuenta que en ocasiones los anuncios de cooperación pueden no haberse concretado y que, en algunos casos, se ha formulado el anuncio oficial de destinar recursos a determinado país sin que se haya señalado el monto, razón por la cual esta estimación podría ser aun mayor. En cualquier caso, y como muestra el cuadro 2, se trata de importantes sumas de dinero a cada país.

Cuadro 2
Fondos destinados a países del ALBA por
parte de Venezuela (en millones de US$)

Destino	Monto
Cuba	18.776
Bolivia	6.724
Nicaragua	5.523
Banco del ALBA	1.350
Haití	440
Honduras	130
Dominica	8

---

[114] *Ibíd.*, p. 53.

Fuente: Datos de Cieca en "Cuánto cuesta el ALBA", en *El Universal*, Caracas, 28 de septiembre de 2008. Disponible en línea: www.eluniversal.com

Los fondos de Petrocaribe son considerables. Desde junio de 2005 hasta diciembre de 2007, el total de créditos otorgados a los países miembros llegó a los US$ 1.170 millones; esto representa alrededor de US$ 468 millones anuales en líneas de crédito. De acuerdo con el Fondo Monetario Internacional (FMI), se estima que en países como Guyana, Jamaica y Nicaragua, el financiamiento de Petrocaribe equivale a 5 ó 6% del PIB.[115] La importancia de estas sumas se hace más evidente si se las compara con los US$ 100 millones destinados por el Banco Interamericano de Desarrollo (BID) a los países miembros de Petrocaribe entre 2005-2008.

En este mismo marco, cabe mencionar otras propuestas de cooperación del ALBA, como son el Proyecto Grannacional de Alfabetización y Postalfabetización, el Proyecto Grannacional ALBA-Educación, el Proyecto Grannacional ALBA Cultural, el Banco del ALBA, el Sistema Único de Compensación Económica (SUCRE), y la negociación de un Tratado de Comercio de los Pueblos (TCP).

---

[115]   Gómez, Oliver (2008), "FMI: Nicaragua el más beneficiado por ALBA", en *El Nuevo Diario*, Managua, 26 de octubre de 2008. Disponible en línea: www.elnuevodiario.com.ni; y Fondo Monetario Internacional (FMI) (2008), *Perspectivas económicas de las Américas: Lidiando con la crisis financiera mundial*, FMI, Washington DC, octubre de 2008. Disponible en línea: www.imf.org

Propuestas de integración en
América Latina y el Caribe

En la actualidad, el escenario latinoamericano se encuentra no sólo fragmentado, sino también fracturado y debilitado por la sobreoferta de procesos de integración.[116] Son muchas las iniciativas y todavía más los actores involucrados en una gran cantidad de propuestas en temas de inserción económica, comercial, cultural, política e incluso de seguridad.

Entre todas estas iniciativas, tres grandes procesos centralizan las principales apuestas comerciales y de integración en la región: el Proyecto Mesoamérica –antiguo Plan Puebla Panamá–, que se extiende de México hacia el sur, incorporando a Colombia e incluso con un acercamiento a Ecuador; el ALBA, que congrega a países sudamericanos, de Centroamérica y el Caribe; y la Unión de Naciones Suramericanas (UNASUR), que involucra a las doce naciones sudamericanas. A estas iniciativas de carácter regional amplio, se superponen los mecanismos multilaterales formales e institucionalizados establecidos en cada una de las subregiones: la Comunidad del Caribe (CARICOM), el Sistema de la Integración Centroamericana (SICA), la Comunidad Andina (CAN) y el Mercado Común del Sur (MERCOSUR). También hay que mencionar otros mecanismos de carácter funcional orientados a la cooperación subregional, como son la Organización del Tratado de Cooperación Amazónica (OTCA) y la Asociación de Estados del Caribe (AEC), así

---

[116]   La Secretaría General de FLACSO realizó varios trabajos sobre el tema. Ver, por ejemplo, Rojas Aravena, Francisco (2008), *Integración en América Latina: acciones y omisiones; conflictos y cooperación*, IV Informe del Secretario General, San José, FLACSO-Secretaría General; y Rojas Aravena, Francisco (2007), *La integración regional: un proyecto político-co estratégico*, III Informe del Secretario General, San José, FLACSO-Secretaría General. Disponible en línea: www.flacso.org

como organismos multilaterales de carácter regional como
la Asociación Latinoamericana de Integración (ALADI) y el
Sistema Económico Latinoamericano y del Caribe (SELA).
Hasta el momento, la única iniciativa de carácter regional
que engloba a la totalidad de los países de América Latina
y el Caribe, y que más allá de sus altibajos históricos aún
mantiene potencialidades para continuar desarrollándose,
es el Grupo de Río.

A estas propuestas de integración se suma la reciente iniciativa del Brasil, la Cumbre de América Latina y el
Caribe sobre Integración y Desarrollo (CALC), realizada en
diciembre de 2008 y que contó con la participación de los
33 gobiernos latinoamericanos y caribeños. Sus objetivos
se dirigen a "promover la articulación y la convergencia de
acciones por medio del intercambio de experiencias y la
identificación de áreas de cooperación entre los distintos
mecanismos de integración, sobre la base de los principios
de solidaridad, flexibilidad, pluralidad, diversidad, complementariedad de acciones y participación voluntaria
en las iniciativas consideradas",[117] que generen resultados
tangibles y beneficios mutuos para el fortalecimiento del
diálogo y la cooperación entre los países latinoamericanos
y caribeños. La Cumbre de la CALC planteó una agenda
regional sobre temas como la cooperación entre los mecanismos regionales y subregionales de integración, la crisis
financiera internacional, la energía, la infraestructura, el
desarrollo social y la erradicación del hambre y de la pobreza, la seguridad alimentaria y nutricional, el desarrollo
sostenible, los desastres naturales, la promoción de los
derechos humanos y el combate al racismo, la circulación

---

[117]   Cumbre de América Latina y el Caribe sobre Integración y Desarrollo
(2008), *Declaración de Salvador de Bahía*, Costa de Sauípe, Bahía, 16 y
17 de diciembre de 2008.

de personas y migraciones, la cooperación Sur-Sur, y la proyección internacional de América Latina y el Caribe.

En 2009, el gobierno de México, encargado de la Secretaría pro témpore del Grupo de Río, manifestó su interés de transformar al Grupo de Río en una Unión Latinoamericana y del Caribe. La propuesta sugiere que el nuevo foro regional deberá constituirse como un espacio de diálogo y concertación política a partir de las funciones del Grupo de Río y la convergencia de la agenda establecida en la CALC como una sola instancia y nueva propuesta de integración regional. El 23 febrero de 2010 se celebró la *Cumbre de la Unidad de América Latina y el Caribe* en la Riviera Maya, México, en el marco de la II Cumbre de la CALC y la XXI Cumbre del Grupo de Río. En ésta, los jefes y jefas de Estado y de gobierno de los países de América Latina y el Caribe acordaron la creación de la Comunidad de Estados Latinoamericanos y Caribeños, pero aún no se ha promulgado el tratado constitutivo de esta iniciativa, y mientras no se constituya, se pasa de tener dos cumbres a tres, lo que no ayuda al problema del exceso de reuniones presidenciales. Se espera que los esfuerzos para su institucionalización continúen en la Cumbre de la CALC en Venezuela en 2011 y en la Cumbre del Grupo de Río en Chile en 2012.[118]

Esta sobreoferta de propuestas e iniciativas de integración produce consecuencias negativas que terminan por debilitar cada uno de los procesos. En primer lugar, genera una fuerte demanda en las agendas de los jefes de Estado y de gobierno, que deben prever reuniones –en la práctica, cada tres meses– en un contexto de "diplomacia de cumbres". En segundo lugar, la sobreoferta lleva a la falta de

---

[118]   Cumbre de la Unidad de América Latina y el Caribe (2010), *Declaración de la Cumbre de la Unidad*, Riviera Maya, México, 22 y 23 de febrero de 2010.

coordinación. Por paradójico que parezca, reduce las oportunidades de convergencia y la búsqueda de perspectivas compartidas. Por último, las múltiples propuestas poseen una débil estructura institucional, como consecuencia de la renuencia de los países a transferir capacidades y decisiones soberanas hacia entes supranacionales.[119]

En suma, el resultado es que, pese a la relevancia política que cada iniciativa adquiere en las declaraciones de los jefes de Estado, hasta la fecha ninguna ha tenido la capacidad para articular una mirada global y más bien se ha tendido a fragmentar a Latinoamérica y el Caribe en "varias" Américas Latinas.

El ALBA y los procesos de integración latinoamericana

Como sucede a la mayoría de los países de la región, los países del ALBA forman parte de otros mecanismos de integración regional y subregional.

Cuadro 3

Iniciativa de integración	Países del ALBA que son miembros
Proyecto Mesoamérica	Nicaragua
UNASUR	Venezuela, Ecuador, Bolivia
CAN	Ecuador, Bolivia
MERCOSUR	Venezuela (en proceso de ratificación)
SICA	Nicaragua
CARICOM	Cuba, Dominica, Antigua y Barbuda, San Vicente y las Granadinas

---

[119]   Rojas Aravena, Francisco (2008), *Integración en América Latina: Acciones y Omisiones; Conflictos y Cooperación*, IV Informe del Secretario General, San José, FLACSO-Secretaría General. Disponible en línea: www.flacso. org

OTCA	Venezuela, Bolivia, Ecuador
AEC	Nicaragua, Cuba, Dominica, Antigua y Barbuda, San Vicente y las Granadinas
CALC	Venezuela, Cuba, Bolivia, Nicaragua, Ecuador, Dominica, Antigua y Barbuda, San Vicente y las Granadinas

Nota: El Congreso Nacional de Honduras ratificó la salida del ALBA el 12 de enero de 2010.

La presencia de los países del ALBA en los distintos mecanismos de integración regional y subregional ha tenido consecuencias importantes dado el fuerte componente ideológico de esta iniciativa, así como su poder de veto en declaraciones oficiales, como fue el caso de la V Cumbre de las Américas, donde no se logró acordar una declaración final que fuera firmada por todos los mandatarios y mandatarias.

En ocasiones, cuando las medidas y acciones que impulsa alguno de estos países en el interior de un determinado mecanismo de integración no son del todo acatadas, éstos acuden al ALBA, en donde reciben un fuerte respaldo. El caso más evidente ha sido el papel del ALBA en el marco de la Unión de Naciones Suramericanas, donde la controversia en torno a la instalación de bases militares estadounidenses en Colombia generó importantes polémicas, donde la propuesta defensiva-militar del grupo fue contrarrestada por el planteamiento de reforzar medidas de confianza e información. A pesar de ello, la posición del ALBA respecto al tema es radical, con fuertes acusaciones de intromisión del gobierno de Estados Unidos, así como el respaldo al "justo derecho de la República Bolivariana de Venezuela a poner en alerta la defensa de su país frente al claro riesgo para su seguridad nacional y para su pueblo como consecuencia del despliegue militar de los Estados Unidos cerca de sus fronteras, a la vez que reclamaron la solidaridad de los pueblos y gobiernos de la región para enfrentar tan grave amenaza."[120]

En la actualidad apostar por el multilateralismo y la integración efectiva es indispensable para afrontar los retos a los que se enfrentan los Estados, los cuales no pueden ser resueltos de forma aislada dado su carácter transnacional. La proyección de América Latina como actor de peso en el contexto global es indispensable para que la región tenga voz en la toma de importantes decisiones globales respecto a temas como el crimen organizado, el cambio climático, las pandemias y las negociaciones comerciales, entre otros. De allí que es esencial el producir coordinación y complementariedad entre los distintos niveles de la integración; en las agendas subregionales, regionales, hemisféricas y globales que en la actualidad siguen abordando y poniendo énfasis diferentes en diversos aspectos, cuyo resultado sigue conduciendo a que la integración tenga miradas sectoriales, sin ningún vínculo entre ellas, lo cual refuerza la fragmentación regional y las reducidas capacidades de concertación transnivel desde lo binacional a lo global.[121]

Para esto se requiere de una visión compartida a partir de la cual se puedan superar los principales problemas a los que se enfrentan los distintos procesos de integración. La posición del ALBA respecto al fortalecimiento del multilateralismo y de la integración ha posibilitado en ocasiones avances importantes, mientras que en otras también los ha obstaculizado.

---

[120]   VIII Cumbre de Jefes de Estado del ALBA (2009), *Declaración Política*, 13 y 14 de diciembre de 2009. Disponible en línea: www.aternativobolivariana.org

[121]   Altmann, Josette y Rojas Aravena, Francisco (2008), "Multilateralismo e Integración en América Latina y el Caribe", en Altmann, Josette y Rojas Aravena, Francisco (eds). (2008), *Las paradojas de la integración en América Latina y el Caribe*, Fundación Carolina y Siglo XXI, Madrid.

Reflexiones finales

Desde su fundación, el ALBA se autodefinió como una propuesta latinoamericana que lucha por la autodeterminación y soberanía de los pueblos de la región, en especial, frente a lo que ellos denominan políticas imperialistas de los Estados Unidos. Esta posición confrontativa ha tenido paradójicamente dos consecuencias. Una primera positiva, en donde los países del ALBA constantemente expresan su respaldo a las iniciativas de integración latinoamericanas. En la VIII Cumbre del ALBA manifestaron "su decisión de promover acciones en el marco del Grupo de Río y de la CALC para la conformación de una organización exclusivamente latinoamericana y caribeña que contribuya de manera destacada a los esfuerzos en pro de la integración y la unidad en la región."[122]

De igual manera, la fuerte unidad ideológica de los países del ALBA ha tenido otras consecuencias a nivel regional y hemisférico, donde países como Paraguay y Argentina, que sin ser miembros del mecanismo asumen monolíticamente posiciones ideológicas en el marco del "socialismo del siglo XXI", compactan y fortalecen aun más al mecanismo en organismos como la Organización de Estados Americanos (OEA). El enérgico apoyo y negociación de los países del ALBA en relación con temas relevantes como fue, por un lado, la expulsión de Honduras como Estado miembro de la OEA luego del golpe de Estado, así como la incorporación de Cuba al mismo, en una coyuntura en donde la visión multilateral de la política exterior de la nueva administración de EE.UU. ayudó a poner fin a la resolución de la OEA que impedía que el gobierno cubano formara parte del organismo, han hecho que se le preste mayor atención al bloque.

---

[122] *Ibíd.*

Las confrontaciones entre mandatarios es la segunda consecuencia cuyos efectos son negativos para la integración. Esto ha llevado a tener constantemente disputas con países cuyas políticas son más cercanas a los Estados Unidos y que cuentan con importantes ayudas y fuentes de cooperación de esa nación. Es así como las disputas entre los presidentes de Costa Rica y de Nicaragua han provocado resquebrajamientos en el interior del SICA, al punto que el mandatario Ortega solicitó que no se le entregara la Secretaría pro témpore a Costa Rica, país a quien le correspondía por turno, alegando que el presidente Arias obstaculizaba la integración centroamericana. Otro ejemplo de esto lo constituyen las constantes disputas e insultos entre los gobiernos de Venezuela y Colombia.

A pesar de las discusiones, altercados y disputas, lo cierto es que los países del ALBA forman parte eficaz e importante de los mecanismos de integración subregional y regional de América Latina, y mantienen un papel activo en ellos. En Sudamérica, ha promovido y se ha incorporado a iniciativas de la subregión que buscan fortalecer el peso y la soberanía subregional con propuestas como el Banco del Sur, del que forman parte Venezuela, Brasil, Paraguay, Uruguay, Ecuador, Bolivia y Argentina, al mismo tiempo que, como ALBA, desarrollan propuestas propias como el Banco del ALBA y la implementación del Sistema Único de Compensación Regional (SUCRE), que representa un primer paso para la constitución de una moneda común. En casos de ayuda humanitaria, como en el devastador terremoto ocurrido en Haití, los países del ALBA acordaron la creación de un plan estratégico del ALBA para la reconstrucción del país, con metas a mediano y largo plazo, que incluyen hospitales, plantas de agua potable, y reactivación de la agricultura, entre otros.[123]

---

[123]   "ALBA pide a la ONU asumir coordinación de ayuda internacional a Haití", 25 de enero de 2010. Disponible en línea: www.alternativabolivariana.

El otro lado de la moneda es la fuerte impronta ideológica de la propuesta, así como el tinte "antiimperialista" y
confrontativo que constantemente resalta en los discursos
de sus líderes, lo que hace que el escenario de la integración
se fracture aun más, al promover que se tomen posiciones
ideológicas o de "elección de bandos" que terminan por so-
brepasar planteamientos de cooperación, para convertirse
en temas de agenda política. Dos ejemplos de la polarización que esto genera son, por un lado, el discurso de toma
de posesión del reelecto presidente de Bolivia, Evo Morales,
donde señala que Estados Unidos no le impondrá dejar de
tener relaciones con Venezuela, Cuba e Irán, mientras que
por otro lado el presidente de El Salvador, Mauricio Funes,
expresó que su país no ingresará al ALBA pues su gobierno
busca desarrollar una política exterior seria cuya posición
sea "no más alineamientos ideológicos, no más amigos o
enemigos determinados por la ideología."[124]

En la práctica –y en la realidad–, ningún país del ALBA
ha generado ruptura con EE.UU. Ser parte del mecanismo
no excluye para pertenecer a propuestas radicalmente
contrarias al mecanismo, como en el caso de Nicaragua,
que mantiene en vigencia el Tratado de Libre Comercio con
Estados Unidos (CAFTA-DR) a la vez que forma parte del
ALBA y el fuerte discurso confrontativo y antiimperialista
del presidente Ortega, las ventas de petróleo de Venezuela
a los Estados Unidos, y las negociaciones que el gobierno
de Morales siguen sosteniendo para que continúe el trato
preferencial de créditos blandos de ese país con Bolivia.

Otro aspecto importante es que el estado actual de las
relaciones entre América Latina y Estados Unidos beneficia
al ALBA. América Latina ya no es una prioridad en la agenda

---

[124]   "Funes confirma que no se sumará al Alba" (2009), en *La Prensa*, Nicaragua, 10 de diciembre de 2009. Disponible en línea: www.laprensa.ni
org

de EE.UU. La visita del vicepresidente estadounidense Joe Biden a Costa Rica y Chile en marzo de 2009 confirmó esta visión. Biden afirmó que los países de la región deben ser pacientes con respecto a las demandas que hacen a Estados Unidos, pues éste todavía está haciendo frente a los efectos de la crisis financiera mundial. Asimismo, la "guerra contra el terrorismo" también ha consumido los esfuerzos de este país durante la última década.

Por otro lado, aun cuando el discurso del presidente Obama en la V Cumbre de las Américas provocó gran optimismo en la región, pocos cambios positivos han sido realizados. En la mencionada cumbre, Obama reafirmó su deseo de reestructurar las relaciones con Cuba y trabajar en la reforma de inmigración. También se distanció de las tradicionales relaciones unilaterales desde EE.UU. hacia América Latina y apoyó el fortalecimiento de la coordinación multilateral. Sin embargo, hasta el momento sólo algunas mejorías se han dado respecto a la relación con Cuba, entre ellas la eliminación de algunas restricciones a los viajes familiares y a las remesas. La polémica Ley de inmigración de Arizona, la no ratificación de los acuerdos comerciales con Colombia y Panamá (dos importantes "amigos" de Estados Unidos en la región), la respuesta de Estados Unidos a la crisis de Honduras y el reciente establecimiento de bases militares en Colombia suscitan dudas sobre los verdaderos alcances de la administración de Obama.

En este contexto, la mayoría de los países de América Latina está buscando ampliar sus relaciones con otros países como China, Irán, India y Rusia. La Organización de Estados Americanos (OEA) ha perdido parte de su influencia, principalmente ahora por la recientemente anunciada Comunidad de Estados Latinoamericanos y Caribeños (CELAC), iniciativa que excluye a Estados Unidos y Canadá.

La ausencia relativa de los EE.UU. en la región, además de los pocos cambios positivos en su política exterior, fortalecen al ALBA, especialmente a Petrocaribe. Ambos se han convertido en fuentes alternativas de financiamiento para muchos países, principalmente los de América Central y del Caribe. Los proyectos promovidos por Venezuela y Cuba han ofrecido alternativas para la financiación de programas sociales en educación y salud, por ejemplo. De manera similar, el reparto de las riquezas del petróleo ha aliviado las presiones de balanza de pagos en una época de altos precios del petróleo. Sin embargo, la cooperación es altamente dependiente de los recursos de Venezuela.

La respuesta de Estados Unidos a la creciente influencia del ALBA ha sido la de fortalecer su asociación con Brasil, pero esto no ha sido una tarea fácil. Brasil ha sido muy crítico del acuerdo militar entre EE.UU. y Colombia y de la posición de Estados Unidos con respecto al conflicto en Honduras. Y aunque el presidente brasileño Lula ha ayudado en la moderación de la beligerancia de Hugo Chávez hacia los Estados Unidos, no ha podido detener la influencia y el intervencionismo de éste en toda América del Sur y Central. Otro tema sensible para los Estados Unidos es la relación de Irán con los países de la región, principalmente con Venezuela y Brasil. La posición colaborativa que ha asumido el último con respecto al programa nuclear de Teherán preocupa al gobierno norteamericano.

La reacción de los Estados Unidos contra el liderazgo de Chávez es un asunto complejo. Aunque el ala más conservadora de este país considera a Cuba y Venezuela como enemigos de la patria, Estados Unidos depende de América Latina y de Venezuela. La cantidad de exportaciones que Estados Unidos envía a América Latina es casi igual que la cantidad de exportaciones enviadas a la Unión Europea. Estados Unidos es además el principal destinatario del petróleo venezolano. Si Venezuela promoviera la creación de un mercado alternativo para su petróleo en Asia, por ejemplo, sería capaz de liberarse de su dependencia del consumo estadounidense. El escenario futuro es complejo para Estados Unidos y el ALBA, ambos se enfrentan a muchos desafíos. Por un lado, los Estados Unidos deben lidiar con la situación venezolana sin perjudicar su relación con otros países de América Latina. Además, una confrontación abierta con Venezuela significaría perder el acceso a los importantes recursos petroleros.

El ALBA, por su parte, se ve debilitado por su fuerte postura ideológica. Algunos países temen que si se unen al ALBA, se adhieren a una actitud de confrontación. Además, a nivel político las diferencias se hacen más evidentes en una ya de por sí desconfiada región, donde la confianza y el trato personal entre mandatarios se ha deteriorado hasta caer a niveles muy bajos. En las diferentes cumbres presidenciales –cargadas de amplios discursos político-ideológicos– se debaten más temas de ideología, y menos acciones concertadas que se traduzcan en una mayor integración y desarrollo sustentable. Por lo tanto, el mayor desafío del ALBA será su capacidad de construir propuestas de integración más amplias que sirvan para atraer a los otros países de la región independientemente de sus inclinaciones político-ideológicas.

La integración y cooperación en América Latina y el Caribe y la emergencia de nuevos espacios de integración: el ALBA-TCP

Antonio F. Romero[125]

Introducción

Este trabajo tiene como propósito realizar un análisis de los retos de la integración y cooperación en América Latina y el Caribe (ALC) en la actualidad, al tiempo que explora los avances que en los últimos tiempos muestra el proyecto de la Alianza Bolivariana para los Pueblos de Nuestra América-Tratado de Comercio de los Pueblos (ALBA-TCP).

Por ello el trabajo se estructura en tres partes. En el primer epígrafe se describen algunos de los desafíos que evidencia la integración regional en la actualidad, para lo cual se plantean las principales limitaciones que históricamente han lastrado los diversos intentos por conformar espacios integrados entre los países de ALC desde la perspectiva de los análisis y propuestas que ha venido realizando la Secretaría Permanente del Sistema Económico Latinoamericano y del Caribe (SELA). En un segundo epígrafe se resume la evolución del proyecto ALBA-TCP, haciéndose especial énfasis en los avances que en términos institucionales, para el cumplimiento de los compromisos, muestra el grupo después de cinco

---

[125] Director de Relaciones para la Integración y Cooperación de la Secretaría Permanente del Sistema Económico Latinoamericano y del Caribe (SELA).

años de fundado, así como las iniciativas que en el terreno monetario y financiero se han desarrollado en el marco del ALBA-TCP.

Al final, se resumen algunos elementos que de acuerdo al autor y dada la naturaleza del proyecto ALBA-TCP, así como las disímiles condiciones –no sólo económicas sino también políticas y sociales– que existen entre sus miembros; constituyen factores a considerar a la hora de evaluar los retos que implica la consolidación y el desarrollo de este proyecto de integración.

1. Los desafíos de la integración y cooperación en América Latina y el Caribe

El actual escenario mundial se caracteriza por la redefinición de buena parte de los paradigmas sobre los cuales se habían estructurado las relaciones internacionales en el último medio siglo. En este contexto –y recién concluido un año en el que se registró la crisis económica más severa, y de alcance global, de los últimos ochenta años–, el proceso de integración regional se encuentra en un momento de importantes definiciones estratégicas. Como parte de dichas redefiniciones, hay necesariamente que considerar las limitaciones que a lo largo de varias décadas han evidenciado los diversos intentos por conformar espacios integrados entre nuestros países.

Distintos análisis realizados concluyen que desde 1960 y hasta la actualidad –a pesar de ciertas diferencias a nivel subregional– los esquemas de integración tradicionales han presentado algunos rasgos típicos que dan cuenta de sus principales limitaciones:

1. A pesar de que los procesos de integración han tenido un marcado sesgo hacia la atención de cuestiones eminentemente económicas, en verdad a lo largo

del tiempo sólo a los temas comerciales se les concedió la máxima prioridad.

2. Se le ha otorgado poca atención efectiva a la dimensión social de la integración, lo cual determinó en muchos casos una marcada ineficiencia de los instrumentos de política aplicados, no sólo para enfrentar los problemas crónicos de pobreza y exclusión en nuestros países, sino también los impactos sociales no deseados que trajeron aparejados los procesos de integración comercial.

3. Ha habido una preeminencia de compromisos de carácter intergubernamental. Esto en gran medida ha sido el resultado de la percepción todavía dominante entre nuestros gobiernos, en el sentido de que cualquier intento de construir normas e instituciones supranacionales tiene un alto costo en cuanto a pérdida de soberanía para los países.

4. Se ha observado una falta de prácticas verdaderamente democráticas en todo lo referido a la integración. En la mayoría de los países de la región, la integración ha sido un tema casi exclusivo de un reducido grupo de personas enteradas, y aún hoy continúa siendo por completo ajeno –incluso en sus rasgos más generales– para la inmensa mayoría de la población.

5. A pesar de que desde sus inicios, en muchos de los esquemas subregionales de integración, se planteó la necesidad de atender las importantes diferencias (asimetrías) entre los países miembros, muy poco se concretó en términos de instrumentación de mecanismos efectivos de trato especial y diferenciado que contribuyeran a una paulatina convergencia de los niveles de desarrollo económico y social entre los países miembros de los diferentes procesos integracionistas.

En este balance crítico de la integración debería reconocerse que a partir de los años 1990, como parte de la consolidación del paradigma conocido como "regionalismo abierto", se produjo cierto reacomodo en el discurso y el accionar de los procesos de integración en la región. Incluso aparecieron nuevos esquemas como el Mercado Común del Sur (MERCOSUR), y se iniciaron los primeros intentos por formalizar acuerdos entre esquemas subregionales. Sin embargo, se continuaron arrastrando las limitaciones históricas que lastraban al proceso de integración en Latinoamérica y el Caribe.

En este marco general, el proceso de integración está hoy siendo sometido a mayores requerimientos. Esto se debe por una parte a los insuficientes resultados arrojados por los intentos de integración regional en todos estos años, pero también debido a algunos progresos recientes, que en ocasiones son manifestación de un proceso simultáneo de desarticulación y rearticulación de espacios de integración en ALC. Dentro de estos habría que destacar:

1. Los derivados del avance –incompleto y con contradicciones– hacia la conformación del Mercado y Economía Únicas del Caribe (*Caribbean Single Market and Economy*) de la Comunidad del Caribe (CARICOM).

2. Los esfuerzos realizados por diferentes países y grupos de naciones respecto a la integración física, energética y medioambiental; particularmente en el marco de la Iniciativa para la Integración de la Infraestructura Regional Suramericana (IIRSA) y el Proyecto de Integración y Desarrollo de Mesoamérica.

3. La aparición de iniciativas de nuevo tipo en la integración regional, como la Alianza Bolivariana para los Pueblos de Nuestra América (ALBA)-Tratado de Comercio entre los Pueblos (TCP); y la Unión de Naciones Suramericanas (UNASUR).

Estos proyectos en marcha apuntan a una nueva etapa, caracterizada por crecientes expectativas en el proceso de integración regional. En definitiva, estos últimos esfuerzos dan cuenta de la construcción de nuevos caminos para la integración, sobre la base de estrategias distintas a las ensayadas hasta muy recientemente en nuestra región.

No obstante lo anterior, y de acuerdo con la Secretaría Permanente del SELA, en la actualidad se pueden visualizar todavía cinco grandes desafíos del proceso de integración regional en ALC, a saber:

1. Superar el énfasis que hasta ahora ha predominado en el componente económico de la vinculación entre los países miembros de cada esquema de integración, en desmedro de los restantes ámbitos que deberían formar parte de los objetivos planteados. Ello supone el desarrollo de iniciativas conjuntas en los ámbitos político, social, educativo, cultural, ambiental y tecnológico, entre otras. En ese sentido, la integración debe incluir la dimensión económica –y comercial–, pero también, y de manera central, la dimensión social, mediante la instrumentación de efectivos mecanismos que hagan operativa una "agenda social de la integración".

2. Cubrir la falta de prácticas más democráticas en todo lo referido a la integración. Es necesario desarrollar formas más activas y novedosas de participación de la ciudadanía en el proceso integrador. Ello implica generar mecanismos que incorporen a la población latinoamericana y caribeña a la discusión del tipo de inserción global y de integración regional que se desea.

3. Acordar al más alto nivel político y aplicar programas integrales y coherentes que posibiliten una paulatina reducción de las asimetrías entre los países y regiones que conforman cada bloque de integración. Ello resulta requisito fundamental para darle legitimidad y al mismo tiempo garantizar la sostenibilidad de los esfuerzos por la integración regional.

4. Avanzar en la articulación y coordinación de posiciones latinoamericanas y caribeñas en los principales foros internacionales. Como se sabe, muchos de los acuerdos y

decisiones que se adoptan en diversos organismos y foros multilaterales tienen influencia decisiva no sólo sobre la dinámica económica y el bienestar social de nuestras naciones, sino también sobre los propios procesos de integración regional.

5. Transformar al propio proceso integrador en un instrumento de mejora social, dirigiendo expresamente a ese fin los resultados que con él se vayan generando, y creando las condiciones para que la integración se constituya en un medio de atenuación de las tendencias a la exclusión social de que adolecen las economías de la región. En este sentido, la ejecución de programas en el campo del empleo, la educación, la salud y las tecnologías –incluyendo las TIC como factor potenciador de la participación social– deben constituirse en ejes sectoriales de proyectos en los que se concrete la dimensión social de la integración.

Por último, debe apuntarse que el carácter global de la crisis que a partir del tercer trimestre de 2008 afectó al mundo, también ha tenido un impacto perceptible en la discusión y la definición de los derroteros estratégicos de la integración regional.

Como ha señalado la Secretaría Permanente,[126] en los casi cincuenta años que han transcurrido desde la creación de los primeros esquemas de integración (el Mercado Común Centroamericano y la ALALC / ALADI), la región ha acumulado una larga lista de momentos en los que el esfuerzo integrador se vio frenado, e incluso retrocedió, como resultado de situaciones de crisis y de las políticas

---

[126]   Véase entre otros documentos de la Secretaría Permanente los siguientes: SELA (2009), "La acentuación de la crisis económica global: situación e impacto en América Latina y el Caribe", SP / Di núm. 02-09, abril de 2009; y SELA (2009), "Experiencias de cooperación monetario-financieras en América Latina y el Caribe. Balance crítico y propuestas de acción de alcance regional", SP / Di núm. 05-09, septiembre de 2009.

que en esos momentos se aplicaron para enfrentarlas. En tal sentido, lo ocurrido durante los años 1980 es un claro ejemplo, pero no el único. Ante el deterioro de la actividad económica interna, la escasez de divisas y la presión por una parte de los acreedores para seguir sirviendo la deuda externa, y por la otra de los organismos internacionales para "ajustar" las economías, el recurso más cercano fue incumplir los compromisos derivados de los procesos de integración, y levantar barreras de todo tipo frente a los supuestos socios, con lo cual la integración regional en poco tiempo retrocedió más de lo que había avanzado en las décadas previas.

Que ello vuelva a suceder en las actuales condiciones sería desafortunado, ya que se estaría cerrando el acceso a un camino que debe ser plenamente utilizado no sólo para enfrentar la crisis, sino también para avanzar en términos de transformaciones profundas –en el interior de la región, pero también a nivel multilateral– para evitar la emergencia de nuevas crisis de alcance global, como la más reciente.

Hay algunas evidencias recientes que permiten cierto optimismo al respecto. En este escenario de crisis, los países de la región han venido desplegando una intensa actividad en el ámbito de su política externa, con vistas a fortalecer el proceso de integración. De particular relevancia al respecto fue la realización de la Cumbre de Jefes de Estado y de Gobierno de los países de América Latina y el Caribe sobre Desarrollo e Integración que se realizó los días 16 y 17 de diciembre de 2008, en Salvador de Bahía, Brasil. En ella se revisó el escenario derivado de la crisis económica y financiera y se decidió avanzar en el proceso de articulación y convergencia entre los procesos de integración. En materia financiera, los jefes de Estado y de gobierno de ALC resaltaron la necesidad de fortalecer los mecanismos financieros regionales y subregionales

existentes, y decidieron encomendar a los ministros de
Finanzas el diseño de una estrategia para la construcción
progresiva de una arquitectura financiera regional.

De igual forma, tuvieron lugar dos conferencias
cumbres (la XXVI y la XXVII) de los jefes de Estado del
MERCOSUR, así como también una Cumbre Extraordinaria
de la Unión de Naciones Suramericanas (UNASUR) y otra
en agosto de 2009, en la cual se entregó la Presidencia
pro témpore de ese órgano al gobierno de Ecuador.
Asimismo, en noviembre de 2008 se realizó la III Cumbre
Extraordinaria de Jefes de Estado y de Gobierno de la
Alternativa Bolivariana para los Pueblos de Nuestra
América-Tratado de Comercio de los Pueblos (ALBA-
TCP), en febrero de 2009 se llevó a cabo la IV Cumbre
Extraordinaria de este mecanismo de integración, y a
principios de octubre tuvo lugar otra Cumbre de la ALBA-
TCP en la ciudad de Cochabamba, Bolivia. En diciembre
pasado se conmemoró el quinto aniversario de esta iniciativa en la Ciudad de La Habana. Por su parte, los jefes
de gobierno de la CARICOM celebraron su cumbre anual
programada, en la que además de evaluar las respuestas
de la subregión a la crisis, avanzaron en el análisis de los
compromisos asumidos en el marco de la construcción
del Mercado y la Economía Únicas del Caribe (*Caribbean
Single Market and Economy*). En el caso del Sistema de
Integración Centroamericano (SICA) se mantuvo el diálogo
al más alto nivel político, y se reiteraron los compromisos
integracionistas a pesar de la difícil situación política que
enfrentó dicha agrupación a partir de la ruptura del hilo
constitucional en la República de Honduras, desde fines
de junio de 2009.

2. La Alianza Bolivariana para los Pueblos de Nuestra América (ALBA)-Tratado de Comercio de los Pueblos (TCP)

2.1. Evolución reciente y avances institucionales

Desde que en diciembre de 2004 se creó la Alternativa Bolivariana para los Pueblos de Nuestra América (ALBA) por parte de Cuba y Venezuela, dicho esquema ha evidenciado importantes avances[127] en el número de participantes, en el desarrollo de su estructura institucional y en la puesta en marcha de distintas iniciativas de cooperación e integración entre sus miembros. A esto se agregan dos modificaciones en la denominación inicial del esquema, que en parte reflejan los cambios que ha tenido: la primera en 2006 al incorporarse Bolivia, en que al nombre original se agregó Tratado de Comercio de los Pueblos (TCP); y la segunda en junio de 2009, en el marco de otra Cumbre del ALBA-TCP, en que el término "Alternativa" fue reemplazado por el de "Alianza".[128]

En lo que respecta al número de miembros, a Cuba y Venezuela se han sumado Bolivia (en abril de 2006), Nicaragua (en noviembre de 2007), Dominica (en enero de 2008), Honduras (en agosto de 2008),[129] y Ecuador, San Vicente y las Granadinas y Antigua y Barbuda en junio de

---

[127]   Una descripción de la creación y de los primeros treinta meses de funcionamiento del ALBA, se encuentra en SELA (2007).

[128]   Al respecto, en la declaración de dicha cumbre se establece que los jefes de Estado y de gobierno "decidieron que, a partir de esta VI Cumbre, el ALBA-TCP se denominará 'Alianza Bolivariana para los Pueblos de Nuestra América-Tratado de Comercio de los Pueblos' (ALBA-TCP) en el entendido que el crecimiento y fortalecimiento político del ALBA-TCP la constituye en una fuerza real y efectiva." Véase Jefes de Estado y de Gobierno del ALBA-TCP (2009b).

[129]   A fines del año 2009, el gobierno de facto de la República de Honduras, con el beneplácito del Poder Legislativo, anunció la retirada de ese país del ALBA-TCP. Con posterioridad a las elecciones presidenciales que

2009, con lo cual el ALBA-TCP tenía en el 2009 nueve países miembros: cuatro caribeños, dos centroamericanos y tres de América del Sur.

En lo que se refiere a la estructura institucional del ALBA-TCP, con base en el organigrama definido en la V Cumbre de mayo de 2007, y en las decisiones tomadas en otras reuniones cumbres, se han ido creando consejos de ministros abocados a diferentes temas,[130] y el Consejo de Movimientos Sociales, así como diferentes comisiones, comités y grupos de trabajo. A ello, se agrega la creación del Consejo Político del ALBA-TCP, conformado por los ministros de Relaciones Exteriores de los Estados miembros, que celebró su primera reunión en Quito, Ecuador, el 9 de agosto de 2009, y el establecimiento de la Coordinación Permanente del ALBA-TCP, cuya coordinación se irá rotando entre los países miembros y que tendrá como órgano de apoyo a una secretaría ejecutiva conformada por un secretario ejecutivo, un secretario adjunto, los directores de cada equipo de trabajo, un representante del Banco del ALBA y un representante de Petrocaribe. En tal sentido, en su primera reunión el Consejo Político, dada la consolidación y ampliación del ALBA-TCP, discutió sobre la necesidad de avanzar hacia una mayor institucionalización de la Alianza y de normar su funcionamiento, resolviendo solicitar a la Coordinación Permanente la elaboración de una propuesta de estructuración y funcionamiento.

En lo que respecta a las iniciativas de cooperación e integración que se han definido y se están poniendo en marcha como parte del desenvolvimiento interno del

---

tuvieron lugar en este país en enero de 2010, el gobierno electo ratificó la decisión de retirar a Honduras del ALBA-TCP.

[130]   En ese sentido, en la VI Cumbre del ALBA-TCP a los consejos ministeriales ya existentes se agregó el acuerdo de creación del Consejo Ministerial para los Programas Sociales, el Consejo Ministerial de Complementación Económica y el Consejo Ministerial de Mujeres.

ALBA-TCP, éstas abarcan diversos sectores considerados como estratégicos. Además de aquellas acciones ubicadas en el ámbito monetario financiero que veremos a continuación, lo sustancial de esas iniciativas se ha ido estructurando en torno del *Proyecto Grannacional*, acordado en la V Cumbre del ALBA realizada en abril de 2007.

Dicho proyecto contempla las áreas de educación, cultura, comercio justo, financiera, alimentación, salud, telecomunicaciones, transporte, turismo, minería, industrial y energía, definiéndose para cada área uno o más "proyectos grannacional", para varios de los cuales está definida la puesta en marcha de "empresas grannacional" con capital de los países miembros del ALBA: de energía; de suministros industriales; de importaciones y exportaciones; de producción agroalimentaria; de telecomunicaciones; de las líneas aéreas estatales; de mantenimiento y construcción de aeronaves; una nueva empresa naviera para el transporte de carga y de pasajeros; una para el desarrollo de infraestructura en la región; una de cooperación, investigación y desarrollo en el área geológica minera; una para el desarrollo de la industria del aluminio; una para el desarrollo de las industrias de cemento; una para el manejo de bosques, producción y comercialización de productos de industria de la madera; y una de artículos y bienes de acero inoxidable.

En relación con el avance de dichas iniciativas, en la Declaración de la IV Cumbre del ALBA-TCP realizada en febrero de 2009,[131] como evaluación de los cuatro años de existencia del esquema se hizo mención a los resultados ya obtenidos con proyectos en las esferas de "la salud, la educación, la seguridad alimentaria, la creación de infraestructura, el suministro y la seguridad energética, el desa-

---

[131]   Jefes de Estado y de Gobierno del ALBA-TCP (2009), *Declaración de la IV Cumbre Extraordinaria del ALBA-TCP*, Caracas, 2 de febrero de 2009.

rrollo de industrias locales y la promoción de la cultura", y para el periodo inmediato se definieron como prioritarias a las áreas de "alfabetización y postalfabetización; salud; alimentos; energía; medio ambiente; telecomunicaciones y cultura."[132]

2.2. La cooperación monetaria y financiera en el ALBA-TCP

Paralelamente a los avances antes señalados, el ALBA-TCP ha ido definiendo distintas iniciativas en el ámbito de la cooperación financiera, que se reseñarán a continuación. Si bien algunas de esas iniciativas están directamente vinculadas con los proyectos recién mencionados, al constituirse en instrumentos para su financiamiento, ellas según se verá están claramente ubicadas en la perspectiva de generar una arquitectura monetario-financiera que permita una ampliación sustancial de los márgenes de autonomía, tanto respecto de los problemas de funcionamiento del sistema monetario internacional con base dólar, como en relación con las fuentes multilaterales de financiamiento y con la condicionalidad que ellas imponen.

De las iniciativas de cooperación monetaria y financiera del ALBA-TCP, se revisará en primer lugar el Sistema Único de Compensación Regional de Pagos, en segundo lugar el Banco del ALBA y se finalizará con el Fondo Petrocaribe.

---

[132] En otros ámbitos, cabe también destacar por una parte, los acuerdos y tratados que han servido de marco a distintas acciones, referidos tanto a la seguridad energética como a la soberanía alimentaria –y la creación del "Fondo de Seguridad Alimentaria del ALBA" con un capital inicial de 100 millones de dólares– y, por otra parte, los avances logrados por el Consejo Político del ALBA en su primera reunión, respecto de la "concertación de posiciones comunes sobre los principales temas de la agenda internacional y en los organismos internacionales".

2.2.1. El Sistema Único de Compensación Regional de Pagos (SUCRE)[133]

En la III Cumbre Extraordinaria del ALBA-TCP celebrada el 26 de noviembre de 2008, en la cual participó también Ecuador, que aún no se integraba a la Alianza, se decidió avanzar en la creación del SUCRE.[134] En dicha cumbre, una parte importante de las discusiones se centró en la actual crisis mundial y su impacto en la región, así como en la revisión y crítica al modelo económico imperante y al funcionamiento del sistema financiero internacional, destacándose la necesidad de generar respuestas ante la crisis y la convicción de que en dichas respuestas hay que privilegiar el espacio regional.[135] En ese contexto inmediato,

---

[133] Un análisis de la propuesta inicial del SUCRE, comparándola con experiencias previas en América Latina y Europa y presentando elementos referidos a las condiciones necesarias para su avance, se encuentra en SELA (2009).

[134] Si bien el acuerdo formal para avanzar en dicha creación se produjo en esa cumbre, los distintos componentes de la propuesta del SUCRE se han venido discutiendo desde hace varios años en los ámbitos gubernamentales y no gubernamentales de la región. En relación con los primeros, basta recordar que la posible creación tanto de una moneda latinoamericana (e incluso la denominación de SUCRE para ella), como de un sistema regional de compensación de pagos, fue mencionada en el marco tanto de la toma de posesión de Rafael Correa como presidente de Ecuador el 17 de enero de 2007, como de la XXXI Cumbre del MERCOSUR que se efectuó los días 18 y 19 de ese mismo mes, y algo semejante ocurre con la creación de un fondo de estabilización y reservas, que es uno de los componentes del SUCRE, y respecto del cual también se han dado discusiones y declaraciones previas.

[135] Al respecto, es de destacar también la Declaración "La crisis económica internacional y América Latina y el Caribe" adoptada por consenso de los 27 Estados Miembros del SELA en la XXXIV Reunión Ordinaria del Consejo Latinoamericano, desarrollada en Caracas, entre el 25 y el 28 de noviembre de 2008, en la cual dichos Estados declararon que (SELA, 2008) "la crítica situación de la economía global obliga a América Latina y el Caribe a impulsar decididamente el proceso de integración regional. En tal dirección deberían realizarse esfuerzos para promover mucho más las relaciones económicas entre los países latinoamericanos y caribeños y, además, considerar propuestas para el establecimiento de arreglos

en la Declaración Final de la Cumbre, se incluyó la decisión de crear el SUCRE en los siguientes términos:[136]

> Construir una Zona Monetaria que incluya inicialmente a los países miembros del ALBA (la mancomunidad de Dominica participaría en calidad de observadora) y a la República del Ecuador, mediante el establecimiento de la Unidad de Cuenta Común SUCRE (Sistema Unitario de Compensación Regional) y de una Cámara de Compensación de Pagos. La creación de esta Zona Monetaria se acompañará del establecimiento de un Fondo de Estabilización y de Reservas con aportes de los países miembros, con el fin de financiar políticas expansivas de demanda para enfrentarse a la crisis y sostener una política de inversiones para el desarrollo de actividades económicas complementarias.

> Articular una respuesta regional, impulsada por el ALBA-TCP, que busque la independencia respecto a los mercados financieros mundiales, cuestione el papel del dólar en la región y avance hacia una moneda común, el SUCRE, y contribuya a la creación de un mundo pluripolar.

Con posterioridad a esa III Cumbre del ALBA, el 10 de diciembre de 2008 se crearon seis comités técnicos, cuyo mandato reflejó los distintos componentes y objetivos que se desprendían de la decisión de avanzar hacia la creación del SUCRE. Así, al primero de esos comités se le encargó el análisis de la Unidad de Cuenta Común, al segundo lo referido a la Cámara Central de Compensación de Pagos, el tercero atiende lo que respecta al Fondo Mixto de Estabilización y Desarrollo, el cuarto comité se refiere a

---

financieros regionales entre países latinoamericanos y caribeños que contribuyan a aislar –en la medida de lo posible– a las naciones de la región y al propio proceso de integración, de los choques financieros globales."

[136] Jefes de Estado y de Gobierno del ALBA-TCP (2008), *Declaración de la III Cumbre Extraordinaria de Jefes de Estado y de Gobierno de la Alternativa Bolivariana para los Pueblos de Nuestra América-Tratado de Comercio de Los Pueblos*, Caracas, Venezuela, 26 de noviembre de 2008.

la creación del Consejo Monetario Regional, el quinto tiene a su cargo el tema del comercio intrarregional y el sexto los aspectos legales relacionados con la implementación del SUCRE.

Con base en los trabajos de esos comités, en la V Cumbre Extraordinaria del ALBA-TCP realizada los días 16 y 17 de abril de 2009, se firmó el *Acuerdo Marco del Sistema Único de Compensación Regional de Pagos (SUCRE)*, con el objeto de "orientar el establecimiento del Sistema Único de Compensación Regional de Pagos (SUCRE) y fijar las principales directrices para su funcionamiento e interacción de las entidades y mecanismos que lo conforman, destinados a la promoción del desarrollo integral de la región latinoamericana y caribeña, a través de la promoción de la producción y el favorecimiento del intercambio comercial entre los pueblos, en el ámbito intrarregional."[137]

Los principales contenidos de dicho acuerdo marco, son los siguientes:[138]

- La integración del SUCRE por: 1) el Consejo Monetario Regional; 2) La Unidad de Cuenta Común (sucre); 3) La Cámara Central de Compensación; y 4) El Fondo de Reservas y Convergencia Comercial.

- El Consejo Monetario Regional (CMR), será el máximo órgano de decisión del SUCRE, encargado de supervisar el funcionamiento del sistema, y tendrá, entre otros,

---

[137] En una cadena nacional de radio y televisión transmitida desde la V Cumbre Extraordinaria, el Presidente de Venezuela ubicó la creación del SUCRE en el contexto de la crisis mundial en los siguientes términos: "Creo sinceramente que esta iniciativa marca una nueva historia. En el ALBA venimos a tomar decisiones para enfrentar la crisis económica [...] Actualmente no tengo noticias de que exista otra iniciativa parecida en ninguna parte del mundo. En este momento ésta es una respuesta rápida a la crisis profunda que nos amenaza a todos."

[138] Jefes de Estado y de Gobierno del ALBA-TCP (2009), *Acuerdo Marco del Sistema Único de Compensación Regional de Pagos (Sucre)*, Cumana, Venezuela, 16 de abril de 2009.

los objetivos de: "Promover y contribuir a promover un sistema monetario regional transparente, generador de riqueza, estable, que fomente el desarrollo económico sustentable"; hacer seguimiento de las políticas e instrumentos monetarios de los países miembros, y sugerir acciones; elaborar estudios para orientar la regulación del movimiento de capitales; "recomendar estrategias, políticas, medidas y mecanismos para prevenir o atenuar las crisis monetarias, financieras y bancarias, así como para expandir el comercio intrarregional y con terceros países que otorguen tratamiento justo.

- La Unidad de Cuenta Común (sucre), será una moneda fiduciaria que se utilizará como unidad de cuenta del SUCRE, para el registro, valoración y compensación de las operaciones, con miras a la conformación de una zona monetaria regional. El CMR establecerá los criterios de composición, las variables de ponderación, el tipo de cambio respecto de las monedas nacionales y los mecanismos de ajuste del sucre, procurando que dicho tipo de cambio se mantenga estable en el tiempo. Así también el CMR, a partir de los acuerdos entre los países miembros, será el encargado de asignar sucres a éstos, para que operen en la Cámara Central de Compensación.

- El SUCRE contará con una Cámara Central de Compensación (CCC) que tendrá a su cargo la compensación y liquidación de las operaciones cursadas a través del Sistema. Las operaciones en dicha cámara se realizarán con los sucres que el CMR asigne a los países a partir de los acuerdos que en tal sentido se tomen entre ellos.

- El SUCRE contará con un Fondo de Reservas y Convergencia Comercial (FRCC), el cual "tiene por objeto coadyuvar al funcionamiento de la CCC, a través del financiamiento de los déficit comerciales que se generen en la misma, así como para reducir asimetrías comerciales entre las partes...". El FRCC, cuyos recursos serán administrados bajo la modalidad de fideicomiso, "se constituirá mediante aportes en divisas y en moneda local de las partes, en las proporciones, instrumentos y términos que se acuerden entre los países miembros."

En los párrafos finales del Acuerdo Marco, se invita a los demás Estados de América Latina y el Caribe a incorporarse al SUCRE, y se establece que, una vez concluidos en los tiempos establecidos los trabajos de los seis comités técnicos creados en diciembre de 2008, durante el cuarto trimestre de 2009 se pasará "a la fase experimental de implementación del sistema, el cual comenzará a operar a partir de enero de 2010."

En relación con esas fechas, en la Declaración de la VI cumbre extraordinaria del ALBA el 24 de junio de 2009, que ya ha sido citada, los firmantes "Exhortaron a los Comités del Sistema Único de Compensación Regional (SUCRE) a seguir avanzando en sus trabajos", instruyeron a esos comités "a presentar ante la Coordinación Permanente informes periódicos sobre el avance de sus trabajos", "incitaron al Comité de Comercio del Sistema Único de Compensación Regional (SUCRE) a profundizar en las estrategias y acciones dirigidas a dinamizar el comercio entre nuestros países", y "dieron una clara instrucción a los grupos de trabajo del SUCRE, para que en la próxima Cumbre del ALBA-TCP se firme el Tratado Constitutivo del Sistema Único de Compensación Regional (SUCRE)."[139]

---

[139]   Jefes de Estado y de Gobierno de los países del ALBA (2009), *Declaración de la VI cumbre extraordinaria del ALBA-TCP*, Maracay, Estado Aragua, Venezuela, 24 de junio de 2009.

Finalmente, ya en enero de 2010 comenzó a operar
–aunque todavía de manera limitada– el SUCRE, lo cual
se concretó con la realización de una primera operación
de comercio exterior entre Cuba y Venezuela que fue eje-
cutada en los términos establecidos por el Sistema Único
de Compensación Regional de Pagos.

2.2.2. El Banco del ALBA-TCP

La propuesta de crear un Banco en el marco del ALBA-
TCP, fue inicialmente planteada en junio de 2007, en la primera reunión del Consejo de Ministros de la actual Alianza,
luego de lo cual se celebraron seis reuniones técnicas.
En la última de ellas –realizada el 24 de enero de 2008–,
se definió a ese nivel lo referido al Acta Fundacional, al
Convenio Constitutivo y al capital del Banco del ALBA-TCP.

Sobre esa base, los gobiernos de Venezuela, Nicaragua,
Bolivia y Cuba aprobaron el Acta Fundacional y el capital
inicial del Banco el 26 de enero de 2008, en la sexta Cumbre
del ALBA-TCP,[140] y dos meses después acordaron los contenidos del Convenio Constitutivo.

En el Acta Fundacional se establece que el Banco "tendrá por objeto coadyuvar al desarrollo económico y social
sostenible, reducir la pobreza, fortalecer la integración,
reducir las asimetrías, promover un intercambio económico
justo, dinámico, armónico y equitativo de los miembros
del acuerdo ALBA", y que tendrá entre otras funciones[141]:

> Financiar programas y proyectos de desarrollo en sectores
> claves de la economía, orientados a mejorar la productividad
> y eficiencia, la generación de empleo digno, el desarrollo

---

[140]   En la instalación de dicha cumbre, el presidente de Venezuela planteó
         (Chávez, 2008: 9): "Con el Banco del Alba estamos rompiendo un me-
         canismo del capitalismo. Ese banco es un instrumento político para el
         desarrollo social y económico."
[141]   Jefes de Estado y de Gobierno del ALBA-TCP (2008), *Acta fundacional
         del Banco del ALBA*, Caracas, Venezuela, 26 de enero de 2008.

científico-técnico, innovación, invención, la complementariedad y desarrollo de las cadenas productivas, la agregación de valor y maximización del uso de materias primas regionales, protección de los recursos naturales y conservación del medio ambiente; financiar programas y proyectos de desarrollo en sectores sociales para reducir la pobreza y erradicar la pobreza extrema, la exclusión étnica, social, de género y mejorar la calidad de vida; financiar programas y proyectos que favorezcan el comercio justo y el proceso de integración latinoamericana y caribeña; crear y administrar fondos especiales como los de solidaridad social y de emergencia ante desastres naturales, entre otros, todo ello mediante la realización de operaciones financieras activas, pasivas y de servicios.

Asimismo, en dicha acta se establece que el Banco será autosostenible, que "se gobernará de conformidad con las mejores prácticas internacionales de eficiencia financiera" y que los órganos de conducción del Banco "tendrán una representación igualitaria de parte de cada uno de los países que lo integran, bajo un sistema de funcionamiento democrático." En lo que respecta al capital inicial del Banco, el capital suscrito es de US$ 1.000 millones y el autorizado es de US$ 2.000 millones.

Otros elementos relevantes, referidos al funcionamiento del Banco, son que la sede está en Venezuela, pudiendo establecer oficinas de representación en los demás países miembros; que el Banco tendrá dos niveles de gobierno, el Consejo Ministerial y el Directorio Ejecutivo; y que la presidencia de la institución será ejercida por un director ejecutivo con carácter rotatorio, electo por el Directorio Ejecutivo. Así también, se contempló que el Banco realice los siguientes tipos de operaciones:[142]

---

[142] Hernández, Gustavo (2008), *Banco del ALBA y el financiamiento al desarrollo,* texto presentado en el "Diálogo Regional sobre Financiamiento al Desarrollo y Deuda Externa en vísperas de la Reunión de Alto Nivel de la ONU encargada de examinar la aplicación del Consenso de Monterrey.

- Otorgar créditos, líneas de crédito, fianzas, avales y otras garantías.
- Emitir, colocar y administrar toda clase de títulos de crédito.
- Proveer servicios, mecanismos e instrumentos para la liquidación y compensación de pago de las transacciones económicas, comerciales y financieras.
- Prestar servicios de administración de carteras, organizar, constituir y administrar fideicomisos y ejercer mandatos.
- Actuar como comisionista y custodio de títulos y valores.
- Prestar servicios de tesorería a organismos gubernamentales, intergubernamentales e internacionales, empresas públicas y privadas, y en general, efectuar otras operaciones de confianza.

2.2.3. El Fondo ALBA-Caribe

Paralelamente al proceso de constitución y consolidación del ALBA, se han ido planteando iniciativas y acuerdos desde el ALBA que involucran también a países no miembros del esquema, como son TELESUR, el Banco del Sur y Petroamérica, iniciativa esta última que está concebida como "una propuesta de integración energética de los pueblos del continente" con tres componentes: Petroandina, Petrosur y Petrocaribe.

De esos tres componentes, la propuesta energética hacia el Caribe ha sido la primera en mostrar avances significativos, que arrancaron con el *Acuerdo de Cooperación Energética Petrocaribe* firmado el 29 de junio de 2005 por Venezuela y trece países caribeños como miembros fundadores, por el cual se creó Petrocaribe, "como una

---

Doha 2008", SELA, SP / DRFDDE-RANONUCM / Di núm. 10-08, 20 de junio de 2008.

organización capaz de asegurar la coordinación y articulación de las políticas de energía, incluyendo petróleo y sus derivados, gas, electricidad, uso eficiente de la misma, cooperación tecnológica, capacitación, desarrollo de infraestructura energética, así como el aprovechamiento de fuentes alternas, tales como la energía eólica, solar y otras", y cuyo objetivo es "contribuir a la seguridad energética, al desarrollo socioeconómico y a la integración de los países del Caribe."[143]

En dicho Acuerdo, así como en los acuerdos específicos que Venezuela ha ido firmando con esos trece países iniciales y con otros cuatro que se han incorporado posteriormente,[144] además de establecerse la estructura de Petrocaribe –incluida la creación de una filial de PDVSA llamada PDV Caribe, encargada de las operaciones de Petrocaribe–, se definieron para cada caso los montos de suministro de energéticos, así como los criterios comunes por los cuales los países reciben crudo venezolano en condiciones ventajosas, con un financiamiento que llega al 40% cuando el precio del petróleo supera los 50 dólares, al 50% si sobrepasa los 80 dólares, y al 60% cuando el precio se sitúa en 100 dólares, siendo dicho financiamiento a un plazo de veinticinco años con una tasa de interés de 1%

---

[143] Jefes de Estado y de Gobierno del Caribe (2005), *Acuerdo de cooperación energética Petrocaribe*, Primer Encuentro Energético de Jefes de Estado y/o de Gobierno del Caribe sobre Petrocaribe, Pto. La Cruz, Venezuela, 29 de junio de 2005. Los Estatutos de Petrocaribe, en los que se definen, entre otros puntos, la membresía, los órganos y los procedimientos de reforma de la organización, fueron acordados el 5 de septiembre de 2005.

[144] En la actualidad, Petrocaribe está integrado por los siguientes dieciocho países: Antigua y Barbuda, Bahamas, Belice, Cuba, Dominica, Granada, Guatemala, Guayana, Haití, Honduras, Jamaica, Nicaragua, República Dominicana, San Cristóbal y Nieves, San Vicente y las Granadinas, Santa Lucía, Surinam y Venezuela.

y pudiendo realizarse en especie una parte de los pagos diferidos.[145]

Según la información entregada en el marco de la VI Cumbre de PETROCARIBE efectuada en San Cristóbal y Nieves el 12 de junio de 2009, desde esa fecha a la actualidad los suministros de crudo venezolano a los otros diecisiete países pasaron de 56.000 a 121.000 barriles diarios, de tal manera que en el lapso 2005-2008 ello implicó un financiamiento a largo plazo de más de US$ 3.000 millones que ha permitido un ahorro superior a los US$ 1.400 millones.

En el *Acuerdo de Cooperación Energética Petrocaribe*, se estableció el Fondo ALBA Caribe, de carácter rotatorio, en los siguientes términos: "Para contribuir con el desarrollo económico y social de los países del Caribe, PETROCARIBE dispondrá de un Fondo destinado al financiamiento de programas sociales y económicos, con aportes provenientes de instrumentos financieros y no financieros; contribuciones que se puedan acordar de la porción financiada de la factura petrolera y los ahorros producidos por el comercio directo." Y en el mismo acuerdo, se planteó que "con el propósito de activar el Fondo ALBA CARIBE, la República Bolivariana de Venezuela aportará un capital inicial de cincuenta millones de dólares (US$ 50.000.000)."[146]

---

[145] Según información de la Secretaría Ejecutiva de Petrocaribe, se está revisando el criterio según el cual los pagos en efectivo se definen en función de los precios del petróleo y, según informó dicha Secretaría (2009), "las opciones en estudio buscan deslindar las obligaciones de pago en efectivo del precio del petróleo mediante el establecimiento de una tasa única que elimina la exposición de dichos pagos a la volatilidad de los precios y reduce el porcentaje del monto a pagar en efectivo por debajo de lo que contempla el acuerdo actual a los precios vigentes."

[146] Cabe tener presente que en la V Cumbre de Petrocaribe celebrada en Maracaibo, Venezuela, el 13 de julio de 2008, se acordó la creación de un Fondo de 50.000.000 de dólares, el cual "se destinará a financiar iniciativas agroalimentarias en los países miembros, para que puedan alcanzar la seguridad alimentaria" (Jefes de Estado y/o de Gobierno del Caribe, 2008). Respecto al uso de dicho Fondo, los ministros de

Según el Informe de Gestión de PDV Caribe del primer semestre de 2008, en sus primeros tres años de funcionamiento el Fondo ALBA Caribe cubrió[147] (PDV Caribe, 2008: 4) "el financiamiento de proyectos sociales en diez países, por un monto que supera los US$ 106 millones", cuya ejecución tiene distintos grados de avance, y en ese informe se plantea que la cifra inicial de US$ 50 millones "se ha ampliado hasta alcanzar US$ 112 millones". Los países y el número de proyectos que menciona el Informe, son los siguientes:

País	N° de Proyectos
Antigua	1
Belice	5
Cuba	1
Dominica	18
Granada	1
Guyana	1
Haití	3
Nicaragua	16
San Vicente y las Granadinas	19
San Cristóbal y Nieves	3
Antillas Menores	1
Total: 10 países más Antillas Menores	**69**

Fuente: En Base a PDV Caribe (2008: 32-34).

Según ese mismo informe, los recursos del Fondo ALBA Caribe se han distribuido, por áreas de impacto, según los siguientes porcentajes:

Agricultura y Alimentación en una reunión efectuada en Honduras en julio de 2008, establecieron trece proyectos prioritarios.

[147] PDV Caribe (2008), *Informe de gestión*, primer semestre de 2008.

Área de impacto	Porcentaje
Saneamiento	17
Vivienda y hábitat	15
Vialidad	12
Turismo	9
Salud	9
Economía Social	9
Educación	9
Deporte	7
Asistencia Humanitaria	5
Cultura	2
Seguridad Ciudadana	2
Agricultura	2
Tenencia de la Tierra	2
Total 13 áreas	**100**

Fuente: En Base a PDV Caribe (2008: 32-34).

Así también, en el marco de la VI Cumbre de Petrocaribe se informó que hasta junio de 2009, a través del Fondo ALBA Caribe, se han desembolsado US$ 222 millones para 184 proyectos que se ejecutan en once de los países miembros.

En dicha cumbre, además, el Presidente de Venezuela planteó dos iniciativas que están en proceso de estudio: la fusión entre el Banco del ALBA y el Fondo Petrocaribe; y la adopción de una moneda común (que se llamaría *Petro*) para el comercio realizado en el marco de Petrocaribe.

3. Los retos de la consolidación del ALBA-TCP

En sus cinco años de vida, la Alianza Bolivariana para los Pueblos de Nuestra América-Tratado de Comercio de los Pueblos (ALBA-TCP) evidencia avances perceptibles en sus propósitos por construir un esquema de integración alternativo, sobre la base de priorizar como objetivos centrales del proceso:

1. La cooperación entre sus miembros, aunque reconociendo la importancia del beneficio económico.

2. La complementariedad y la transferencia de tecnologías entre sus socios.

3. La priorización de la dimensión social de la integración subordinando a ello la influencia de los mecanismos de mercado.

4. El privilegio de las formas de propiedad social, sin exclusión *a priori* de la propiedad privada y mixta.

5. La combinación del trato especial y diferenciado –como instrumento básico para la reducción de las asimetrías entre sus países miembros– junto al reconocimiento del principio de reciprocidad.

En estos años, los gobiernos de los Estados miembros del ALBA-TCP han mostrado una decidida voluntad política para la integración, lo que se ha manifestado simultáneamente en las modificaciones que en materia de estructura y políticas económicas han tenido lugar en la mayoría de esas naciones, así como en sus términos de relacionamiento económico externo. En efecto, los gobiernos de los países del ALBA-TCP han sido capaces de vencer las resistencias al cambio de importantes sectores económicos y políticos de sus sociedades y el bloque ha mostrado capacidad para financiar –no sin dificultades– el nuevo modelo de inserción económica externa propuesto, en gran medida destinando parte de la renta petrolera y las capacidades técnicas y profesional de la fuerza de trabajo al desarrollo social y la cooperación entre sus miembros.

Sin embargo, por la naturaleza del proyecto ALBA-TCP y las disímiles condiciones –no sólo económicas sino también políticas y sociales– que existen entre sus miembros, en este proyecto de integración han predominado compromisos (o asunción de los compromisos del grupo) bilaterales, aunque también hay de carácter plurilateral, focalizándose sectores o áreas prioritarias de cooperación donde pudieran existir necesidades perentorias, ventajas evidentes o donde se pudiera desarrollar la complementariedad.

Lo anterior, da cuenta de la gran heterogeneidad (económica, social y política) que está presente en el ALBA-TCP, lo cual explica parte importante de los retos que enfrentan sus países miembros para avanzar hacia la consolidación del bloque. Dentro de ellos resaltan:

1. En el ALBA-TCP hay una red de acuerdos comerciales y económicos –bilaterales, subregionales, intersubregionales y plurilaterales– asumidos por sus miembros fuera del grupo, que se superponen a los compromisos propios del ALBA; lo cual genera una membresía muy compleja; que se refuerza con el principio básico de la entidad de respetar los acuerdos previos adoptados por sus miembros.

2. Lo anterior determina la coexistencia de diferentes normativas al interior de los países miembros, los que bajo ciertas condiciones, pudieran entrar en colisión con los del ALBA-TCP y obstaculizar el incremento de las interrelaciones económicas entre los miembros del grupo.

3. A estas "asimetrías" institucionales al interior del ALBA-TCP también se le deben adicionar los elevados niveles de asimetrías en términos de desarrollo económico social y de dimensión y estructura económica entre los países del ALBA-TCP.

4. De igual forma, se observa que a pesar de ciertos avances recientes, existen muy bajos grados de intervinculación comercial –y en general económica– entre los miembros del ALBA-TCP.

5. Por último, deben resaltarse las dificultades que ha confrontado el proceso de institucionalización de los acuerdos adoptados en el marco del ALBA-TCP en correspondencia con el marco legal de cada uno de sus Estados miembros. Esto último se vincula con la no existencia

de un cuerpo legal único ALBA-TCP considerado como "tratado internacional", lo que supone limitaciones para el reconocimiento del accionar y de las entidades representativas del ALBA-TCP.

Estos desafíos que se han listado, no niegan en lo absoluto la capacidad de los países miembros del ALBA-TCP para enfrentarlos y avanzar en la consolidación del bloque. El interés de resaltarlos sólo se explica por la convicción de que el reconocimiento de los problemas existentes –o potenciales– es el primer paso para la superación de los mismos. Ello reviste particular relevancia en el caso de un proyecto de integración alternativo, que además de complejo y multidimensional, es ante todo un proceso de construcción política que se legitima sólo si es capaz de reconocer las particularidades e intereses de cada uno de sus Estados miembros.

Al respecto, algunas líneas de acción probables que pudieran coadyuvar a la resolución en el mediano y largo plazo, de los desafíos que enfrenta la consolidación del ALBA-TCP incluirían –entre otras– las siguientes:

1. Consensuar, sobre la base de la caracterización compleja que tiene la membresía del ALBA-TCP, algunos proyectos de interés que permitan avanzar en la armonización de ciertas disciplinas comunitarias entre los países miembros del ALBA-TCP.

2. Construir una matriz de posibles áreas de consenso e interés del bloque ALBA-TCP en las negociaciones en que participan sus naciones frente a terceros países, agrupaciones de países o en foros multilaterales.

3. Avanzar a largo plazo, en el logro de una masa crítica en los niveles de comercio intra-ALBA. Ello además de implicar la superación de ciertos obstáculos normativos, de infraestructura y de "cercanía económica", supone el desarrollo paulatino de estructuras de producción

complementarias que permitirían el avance del "comercio intraindustrial" entre los países miembros del bloque. 4. Establecer y avanzar en el cumplimiento de criterios mínimos de convergencia macroeconómica, al menos, entre los países miembros del espacio monetario-ALBA. Ello es condición necesaria –aunque no suficiente– para garantizar la viabilidad y consolidación del SUCRE. 5. Reconocer al ALBA-TCP como espacio prioritario de vinculación y construcción de políticas comerciales, financieras, monetarias, tecnológicas y sociales, entre todos los actores sociales que hacen vida en el grupo. Ello supondría que el avance hacia niveles superiores de integración en el espacio ALBA-TCP se constituya en un objetivo social compartido, lo cual sólo se alcanzará si el bloque muestra niveles de pragmatismo y flexibilidad funcionales a la heterogeneidad económica, social y política que muestra su membresía.

ALBA: ENTRE LOS IMPACTOS DE LA CRISIS Y LA JUSTICIA DE LAS METAS

José Ángel Pérez García[148]

Introducción

La Alianza Bolivariana para los Pueblos de Nuestra América (ALBA) es un tema de actualidad. Es polémico por su novedad, su carácter alternativo y el adverso entorno internacional y regional en que tiene lugar. Es a la vez un tema necesario en la agenda académica, en tanto la integración de aliento cepalino y la integración de matriz neoliberal fracasaron, porque en su meta de ser funcionales al patrón de acumulación capitalista al cual respondían, enfatizaron en el comercio y abandonaron al ser humano.

A diferencia de esos patrones de integración, el ALBA relativiza el rol del comercio y del mercado capitalista sin obviarlo en el entendido que el escenario en que se desarrolla (con la excepción de Cuba) y la herencia que tiene que enfrentar y trasformar, se caracteriza por la presencia de relaciones capitalistas de producción, pues aún no ha triunfado el comunismo.

De esa manera, el ALBA acepta el reto de relativizar el entramado de relaciones de producción capitalistas existente en los países latinoamericanos y caribeños: crecer económicamente, distribuir renta con un criterio más equitativo, y al mismo tiempo, promover la sostenibilidad económica, financiera, ambiental, energética y alimentaria.

---

[148] Centro de Investigaciones de la Economía Mundial (CIEM), Cuba.

Esto representa todo un desafío para cualquier proyecto integracionista que aspire al éxito en el siglo XXI.

Desarrollo

Una gran crisis, la más grave desde el decenio de los años 1930[149] –inédita, sistémica, estructural, sincrónica y global– caracteriza hoy la economía mundial capitalista. A pesar de que entre 2004 y 2007, los informes del Banco Mundial y el FMI sugerían que la economía mundial se había recuperado de la crisis económica que tuvo lugar entre 2000 y 2002,[150] y registró una tasa de crecimiento promedio anual por encima del 4,5%,[151] baja inflación promedio anual,[152] bajas tasas de interés, financiamiento fluido, así como una expansión de las exportaciones mundiales del 6%,[153] la coincidencia en el sistema capitalista mundial de un conjunto de problemas –viejos y nuevos, coyunturales

---

[149] Según la literatura económica convencional, esa crisis económica se extendió entre 1929 y 1933. Sin embargo, un análisis más profundo del comportamiento de la economía mundial en el decenio de los años 1930, sugiere que en ese periodo no se destruyeron todas las fuerzas productivas que el sistema necesitaba destruir para retomar los equilibrios perdidos y realizar la acumulación de capital. Las condiciones para la expansión económica mundial se dieron a partir del decenio de los años 1950, lo que indica que la Segunda Guerra Mundial fue la verdadera salida que el capital le dio a la crisis que se inició en 1929.

[150] Crisis de las empresas punto.com que explotó en Estados Unidos y también tuvo impactos globales.

[151] FMI (2008), *World Economic Outlook,* Washington DC, octubre de 2008.

[152] Según el World Economic Outlook (WEO) del FMI, de octubre de 2008, la inflación promedio anual en las economías desarrolladas fue de 1,9% en 2004 y de 3,8% en 2008. En las economías de los países subdesarrollados la espiral inflacionaria fue de 4,5% en 2004 y 9,6% en 2008. FMI, *op. cit.,* p. 267.

[153] Según la OMC, las exportaciones mundiales crecieron 9% en 2004; 6,5% en el año 2005; 8,5% en 2006 y se deprimieron hasta 6% en 2007 debido al debilitamiento de la demanda en las economías desarrolladas.

y estructurales– introducían cuestionamientos sobre la calidad del crecimiento económico en 2008 y ponían en entredicho las propias estadísticas de ambas instituciones internacionales.

Los graves desequilibrios macroeconómicos de la economía mundial y de la propia economía de Estados Unidos, la crisis de la burbuja inmobiliaria en ese país y su rápido traslado al sector real de la economía estadounidense con un enorme efecto contagio sobre Europa y la periferia, junto a la espiral de precios del petróleo y los alimentos, devino en una recesión mundial desde la segunda mitad de 2008, que ha persistido en 2009 y genera pronósticos muy cuestionables y reservados para 2010, a pesar de que en algunos países capitalistas desarrollados se registró un magro crecimiento en el segundo y tercer trimestre del año 2009.

Grecia y Portugal crecieron 0,3% respectivamente en el segundo trimestre, comportamiento seguido también por Francia (creció 0,4%)[154] y Alemania, que creció 0,7%.[155] Sin embargo, se tienen referencias de un retroceso en ese último país en lo que va de 2010.

Estados Unidos declinó la tasa de decrecimiento que había registrado en el cuarto trimestre de 2008 y el primer trimestre de 2009, estimada en -6,3 y -5,5% respectivamente,[156] y en el segundo trimestre cayó -1,5%.[157] En el tercer trimestre de 2009 la economía norteamericana creció 3,5%,[158] lo que fue sobredimensionado por los medios para instalar la ma-

---

[154] Eurostat (2009), *Estadísticas de la Unión Europea*, Bruselas, septiembre de 2009.

[155] Destatistic (2009), *Oficina Federal de Estadísticas de Alemania*, agosto de 2009.

[156] BEA (2009), *Department of Commerce of USA*, Bureau of Economic Analysis, agosto de 2008 y febrero de 2009.

[157] NABE (2009), *National Association for Business Economics*, junio de 2009.

[158] *Ibíd.*

triz de opinión respecto a que la recesión había quedado
atrás y se iniciaba la recuperación, pero nadie se preguntó
si ese crecimiento trimestral respondió a las operaciones de
salvataje financiero del presidente estadounidense Barack
Obama o a una recuperación real de los agentes privados
en ese país.

La opinión del autor de esta ponencia es que el crecimiento del PIB de Estados Unidos en el tercer trimestre
de 2009 es my frágil, porque está respaldado básicamente
por la inyección de dinero gubernamental para tratar de
detener la caída de la economía de ese país en el que per-
sisten aún muchos indicios recesivos.

La continuidad de los problemas estructurales no
resueltos del capitalismo, el agotamiento del efecto "positivo" de la inyección de dinero en la economía para salvar
bancos y banqueros, el peligro de la inflación (por la razón
antes expuesta), la existencia de burbujas aun funcionando
en el sistema y prestas a explotar en cualquier momento
(burbujas de las tarjetas de crédito, burbuja inmobiliaria de edificios públicos), la reiterada especulación con
los precios de los alimentos y combustibles, entre otros
factores adversos, hacen muy vulnerable ese crecimiento
económico y pueden dar al traste, antes de lo que muchos
se imaginan, con ese frágil registro, conduciendo a la economía de esos países a una segunda caída en 2010, que ha
sido identificada por destacados economistas como una
crisis de doble zambullida.

Gráfico 1
Tasas de crecimiento económico

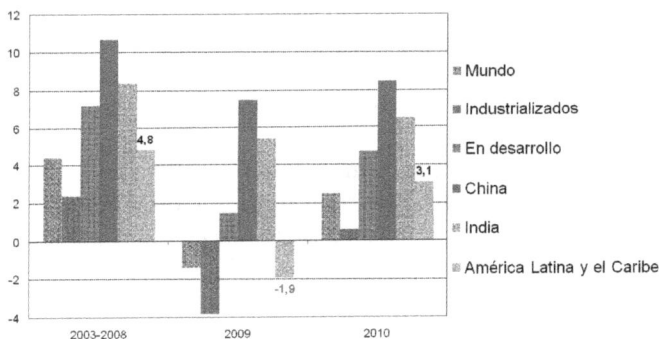

La crisis impacta en América Latina y el Caribe debido a la caída de la demanda en los principales mercados de exportación de esa región, la contracción que tiene lugar en las exportaciones de bienes, y la caída de los precios de los productos primarios y las manufacturas de exportación, las dificultados para acceder al crédito, la dependencia de las remesas, la contracción de la Inversión Extranjera Directa (IED), el carácter abierto de sus economías, la pequeñez de los mercados (la mayor parte de las economías de América Latina y el Caribe –veintisiete– son economías pequeñas) con una significativa conexión con el mercado globalizado.

La CEPAL revisó tres veces a la baja el pronóstico de la economía de Latinoamérica y el Caribe previsto para 2009, bajando de 1,9% a finales de 2008 a una caída de -0,3% en mayo de 2009, pero en junio de ese mismo año pronosticó que la caída será más profunda (-1,9%), en tanto el PIB per cápita se contraerá -3,1%,[159] dando fin a un sexenio

---

[159]   CEPAL (2009), *Estudio Económico de América Latina y el Caribe*, Santiago de Chile, 2009.

(2003-2008) en el que la economía latinoamericana registró tasas de crecimiento promedio anual por encima del 4% de manera ininterrumpida.

Los impactos atacan con significativa profundidad en los países que están conectados con el mercado globalizado por la vía de los Tratados de Libre Comercio (TLC) de matriz neoliberal, como es el caso de México, Centroamérica y Chile.

La situación más compleja se registra en la nación azteca, que llegó a registrar cuatro trimestres consecutivos (un año) de decrecimiento, debido a la fuerte conexión de la economía de ese país con Estados Unidos, una caída de la producción industrial de 10,6% hasta junio de 2009,[160] la pérdida 680.000 empleos hasta agosto de 2009,[161] y configura una grave crisis fiscal para 2010 con un déficit esperado de 308.000 millones de pesos mexicanos que representan casi el 3% del PIB.[162]

El grave pronóstico para la economía mexicana para 2009 fue corroborado al cierre de ese año cuando se reportó que México decreció -6,7%,[163] lo que constituye el peor comportamiento económico en ese país en decenios y la caída más pronunciada entre las economías grandes de América Latina en 2009.

---

[160] INEGI (2009), *Instituto Nacional de Estadísticas de México*, 2009.
[161] La Jornada (2009), *Periódico La Jornada*, México, 2009.
[162] Dinero (2009), *Tabloide del Periódico Excélsior*, 12 de agosto de 2009.
[163] CEPAL (2009b), *Balance preliminar de las Economías de América Latina y el Caribe*, Santiago de Chile.

Gráfico 2
Comportamiento de la economía mexicana
por trimestres en 2008 y 2009 (porcentaje)

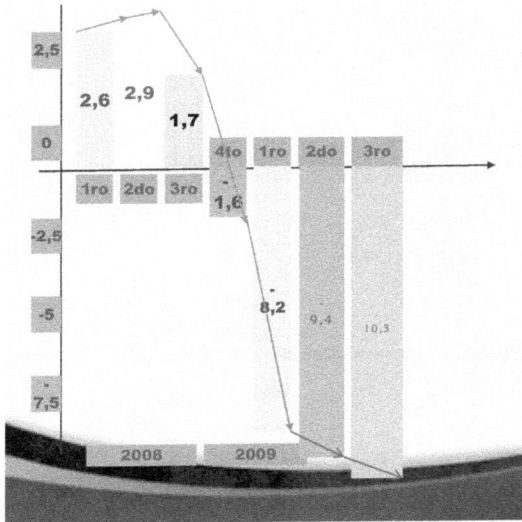

Fuente: INEGI, 2009.

Hasta el paradigma chileno se muestra afectado por la crisis. El Banco Central chileno declaró a la economía en recesión en el entendido que se registraron al menos dos trimestres consecutivos de decrecimiento y al primer semestre de 2009 la economía de ese país cerró con una caída del PIB estimada en -3,4% y el desempleo escaló el 10% según estimados oficiales. Al cierre del año 2009, la economía chilena había caído -1,8%.[164]

---

[164]   *Ibíd.*

Gráfico 3
Comportamiento de la economía de Chile por trimestres en 2008 y 2009 (porcentaje)

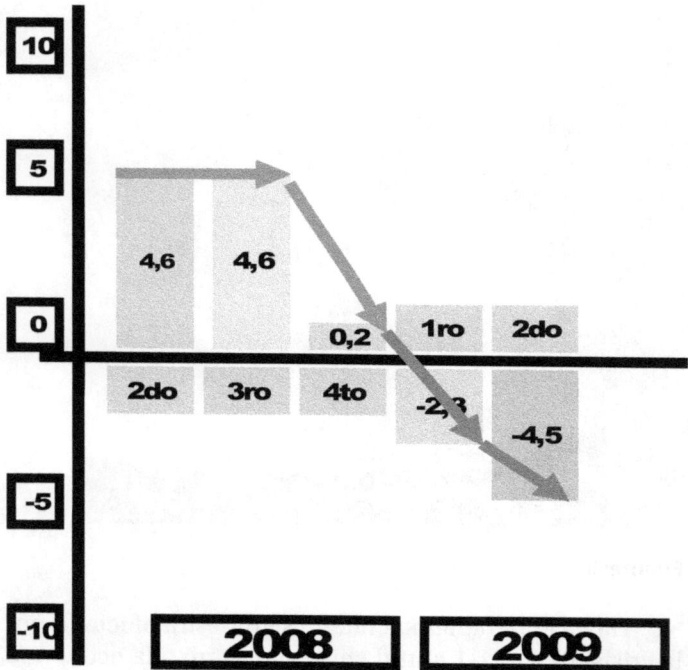

Fuente: Banco Central de Chile (2009).

Pero los impactos también se hacen sentir en los países del ALBA –devenida desde el 24 de junio de 2009 Alianza Bolivariana para la Integración de los Pueblos de las Américas–, aunque de manera diferenciada en virtud de la heterogeneidad estructural de los países miembros de esa alianza de integración alternativa y las diferencias sustanciales entre ella y la integración neoliberal.

En algunos países como Venezuela y Ecuador, algunas de las principales líneas de impacto (no las únicas) llegaron por la vía de la contracción de las exportaciones de petróleo y la caída de los precios del crudo, que después de registrar el nivel histórico más alto de cotización el 11 de julio de 2008 (el barril de WTI cerró a un precio de 145,66 dólares y el Brent a 143,54 dólares),[165] cayó estrepitosamente hacia el primer trimestre de 2009, registrando precios de 38,55 y 30,81 dólares el barril del tipo Brent y WTI, respectivamente.[166]

A Venezuela también le llega la crisis por la vía de las finanzas y la caída de las exportaciones. Ecuador es sensible a la caída de las remesas que representan el 5,4% de su PIB[167] y también a la contracción de las exportaciones.

Bolivia recibe los principales impactos por la vía de la caída de sus exportaciones (básicamente minerales, gas natural y soya), así como la contracción del flujo de remesas que representan el 6% del PIB de esa nación[168] y la retracción de la IED.

Nicaragua es afectada por el efecto combinado de la contracción de las exportaciones de bienes, la caída de las remesas y la IED, en tanto Cuba y las demás islas del Caribe miembros del ALBA (Dominica, San Vicente y las Granadinas y Antigua y Barbuda), son impactadas básicamente por la contracción del flujo de turismo y la disminución del gasto de los turistas en tierra, así como la caída experimentada por las exportaciones de bienes primarios y sus precios en el mercado mundial. En San Vicente y las Granadinas y Antigua y Barbuda, la caída

---

[165]   Precios Petróleo (2008), *Selected Crude Oil Stop Prices*, 2008.

[166]   Precios Petróleo (2009), *Selected Crude Oil Stop Prices*, 2009.

[167]   Observatorio Latinoamericano (2009), *Observatorio Economía Latinoamericana. Ecuador; migraciones y remesas*, primer semestre de 2009.

[168]   CAN (2008), *Estadísticas de Remesas en los Países de la Comunidad Andina*, 2008.

acumulativa del turismo hasta junio de 2009 desde que empezó la crisis, fue de -17,4 y -12,6% respectivamente,[169] situación muy preocupante para esas pequeñas economías dependientes de los ingresos del turismo para su comportamiento económico.

El impacto de la crisis en Cuba se siente por la caída de los precios de los mariscos, tabacos y rones, y en particular por la caída del precio del Níquel y la reducción de la demanda de ese mineral en los mercados internacionales. Sólo en 2008 se pedieron 250 millones de dólares por concepto de la depresión de las exportaciones de Níquel.[170] Otra línea de impacto de la crisis en Cuba se constata en la caída de los gastos de los turistas internacionales en tierra cubana que al primer semestre de 2009 registraron una disminución de -14% respecto a igual fecha de 2008[171] (cifra preliminar).

En un esfuerzo de síntesis, los impactos de la crisis global capitalista sobre los países del ALBA, se pueden apreciar en la siguiente tabla.

---

[169]   OTC (2009), *Organización de Turismo del Caribe*, 2009.
[170]   MINCEX (2008), *Ministerio de Comercio Exterior e Inversión Extranjera de Cuba*, 2008.
[171]   MINTUR (2009), *Ministerio del Turismo de Cuba*, 2009.

Tabla 1
Impactos de la crisis sobre países del ALBA en el primer semestre de 2009
(indicadores seleccionados entre los que se dispone de estadísticas)

País	Exportaciones de Bienes (%)	Remesas (%)	Turismo (%)	PIB (%) Trimestral, 2009	Crecimiento PIB en 2009 (%)
Vene-zuela	Caída de 46% (entre enero y septiembre de 2009).	NS	NS	Caídas consecutivas -2,4%, -4,5% y -2,4% en segundo, tercer y cuarto trimestres de 2009).	-2,3
Cuba	Caída de -35% (al primer semestre de 2009).		Caída de -14% en gas-tos de turistas (primer semestre de 2009).	Crecimiento 0,8% en el pri-mer semestre de 2009.	1%
Bolivia	Caída de 27% (primer trimes-tre de 2009).	Caída de 8,4% (primer semestre de 2009).	NS	Crecimiento de 2,1% (primer trimestre de 2009), 3,1% (segundo trimestre de 2009) y 2,8% (cuarto trimestre de 2009).	3,5%

País	Exportaciones de Bienes (%)	Remesas (%)	Turismo (%)	PIB (%) Trimestral, 2009	Crecimiento PIB en 2009 (%)
Nicara-gua	Caída de 8,9% (primer semes-tre de 2009).	Caída de 6,0% (primer semestre de 2009).	NS	Caída de -1,6% (primer tri-mestre de 2009). Caída de -0,3% (segundo trimestre de 2009).	-1,5%
Ecuador	Caída de 38,4% (primer semes-tre de 2009).	Caída de 27% (primer trimestre de 2009).	NS	Caída de -1,6% (primer tri-mestre de 2009).	-0,4%

Fuente: Banco Central de Venezuela (2009); CEPAL (2009); INE de Venezuela (2009); MENPET y Ministerio de Economía Venezuela (2009); Banco Central de Bolivia (2009); INE de Bolivia (2008 y 2009); Banco Central de Nicaragua (2009); CETREX de Nicaragua (2009); Banco Central de Ecuador (2009); Laboratorio Latinoamericano. Migración, remesas (2009); MINTUR de Cuba (2009); MINCEX de Cuba (2009); AN.PP. de Cuba (2009).

Nota: NS = No significativo.

El comportamiento de la economía de la mayor parte de los países del ALBA, en 2009 transitó de la desaceleración del crecimiento a la caída en seis de los ocho miembros plenos de esa alternativa de integración. Sin embargo, lo que distingue al ALBA del resto de los países latinoamericanos y caribeños, atados al mercado mundial capitalista o atados a EE.UU. o la UE vía de matriz neoliberal, es su respuesta diametralmente distinta.

En esa respuesta diferente juegan un papel importante los principios de funcionamiento del ALBA que relativizan el rol del mercado y le otorgan prioridad a la complementariedad, la ventaja mutua, la cooperación, la solidaridad, el desarrollo social y la solución de los problemas regionales y globales de todos sus miembros.

Es importante enfatizar que no es lo mismo enfrentarse a una crisis económica global, sincrónica, profunda, estructural, multidimensional, sistémica e inédita como la actual, con un comportamiento recesivo pero abrigado por conceptos de racionalidad, cooperación y solidaridad, que enfrentar ese episodio de crisis bajo conceptos de competencia capitalista, dependiendo significativamente de lo que ocurra en otros mercados a los que se está subordinado, como es el caso de México, Centroamérica, República Dominicana, Chile, Perú y la propia Colombia, cuya dependencia de EE.UU. es muy alta.

A pesar de la profundidad de dos años de crisis, el ALBA no ha detenido el impulso integracionista, lejos de eso, lo ha fortalecido. Las metas estratégicas del ALBA expresadas en los Proyectos Grannacionales (PG) aprobados y priorizados en las cumbres del ALBA siguen en pie y disponen del financiamiento para su concreción gracias a la voluntad política de los miembros del ALBA, la dotación de recursos naturales de que disponen varios de sus países, una mejor administración por parte de los Estados nacionales, las condiciones mas favorables (o enteramente favorables) de relacionamiento económico con los agentes trasnacionales y la formación de recursos humanos profesionales educados en principios revolucionarios.

Entre los PG priorizados y financiados se encuentran energía (12 millones de dólares), salud (3,4 millones de dólares), cultura (6,5 millones de dólares), agroalimentación (13 millones de dólares), producción y comercialización de bienes farmacéuticos (13 millones de dólares) y alfabetización y proyectos agroalimentarios para Haití (14 millones de dólares).[172]

Por su parte, los programas sociales del ALBA han continuado concretándose en medio de la crisis, como se sintetizará en la tabla 2.

---

[172] Bancoex (2009), *Banco para la Exportación de Venezuela*, 2009.

Tabla 2
Algunos resultados sociales del ALBA

	Cuba	Venezuela	Bolivia	Nicaragua	Honduras	Dominica
Alfabetización	Territorio libre de analfabetismo desde 1961.	Territorio libre de analfabetismo desde 2005.	Territorio libre de analfabetismo desde diciembre de 2008.	Territorio libre de analfabetismo desde julio de 2009.	Campaña nacional de alfabetización interrumpida por el golpe de Estado.	88%
Consultas gratuitas (medicina social)	100% de la población.	73 millones hasta 2009.	31 millones (hasta 2009).	Más de 1 millón (hasta 2009)	16 millones en 10 años (hasta mayo de 2008).	-
Cirugías oftálmicas (operación milagro)	270.000	668.844 hasta 2009.	466.585 hasta 2009 a)	264 265 hasta 2008	50.000 hasta el golpe de Estado.	3.000
Centros oftálmicos donados por Cuba en funcionamiento	Red de salud pública, gratuita y universal.	17	15	1	3	-
Combate a la pobreza	No se reconoce pobreza.	26% b)	35%	48% c)	69,4%	30%

	Cuba	Venezuela	Bolivia	Nicaragua	Honduras	Dominica
Expectativa de vida (años)	77,5	74,3	63,9	73,2	68,8	75,6
Mortalidad infantil (lactantes por cada mil nacidos vivos)	4,7	16	52	29	42	13

a) Incluye a pacientes de Argentina, Perú, Brasil y Paraguay.

b) Según cifras de CEPAL, la pobreza en Venezuela en 1999 era de 48,1%. En el informe presidencial de la gestión de 2008, el presidente Chávez explica que la pobreza ha bajado hasta 26% de la población y la pobreza extrema cayó del 20% en 1999 a 6% en los diez años de revolución. Granma. La Habana. 24 de marzo de 2009.

c) Según la medición del INIDE de Nicaragua, 2007.

Fuente: "Médicos cubanos han brindado un millón de consultas en Nicaragua", en *Radio la Primerísima*, 26 de mayo de 2008, disponible en línea: www.radiolaprimerisima.com. "Continúan médicos cubanos labor humanitaria en Honduras", disponible en línea: http://salud.cibercuba.com. "El milagro de la Operación Milagro", 16 de febrero de 2009, disponible en línea: www.trabajadores.cu; www.profesionalespcm.org. Informe Anual del Presidente de la República de Nicaragua del año 2008, enero de 2009. Informe de gestión de gobierno del año 2008 del presidente Hugo Chávez a la Asamblea Nacional de Venezuela, enero de 2009 y 2010. PNUD (2008), Informe sobre Desarrollo Humano 2007-2008, Nueva York, pp. 234, 240 y 264. Cuba Coopera, disponible en línea: http://cubacoop.org (marzo de 2009). www.cubaminrex.com (2010).

Pero los logros del ALBA rebasan la condición de los miembros plenos, porque el ALBA no discrimina a ningún pueblo, sea su país miembro pleno o no. Dan fe de esa tesis los 3,8 millones alfabetizados hasta mayo de 2009 (Programa de Alfabetización Yo, sí Puedo) y los 1,8 millones no videntes que han recuperado la vista hasta la fecha indicada en el marco de Operación Milagro, la mayor parte de los cuales vive en países que no son miembros plenos de esa alianza de integración alternativa.

Otra importante realización del ALBA es el Banco del ALBA, que constituye un crucial esfuerzo por desacoplarse gradualmente de las instituciones financieras interna-cionales funcionales a la hegemonía imperialista (FMI, Banco Mundial y Banco Interamericano de Desarrollo) e ir construyendo la red financiera alternativa funcional a los intereses de los pueblos. EL Banco del ALBA surgió en 2008 con un capital inicial de unos 1.000 millones de dólares y un capital autorizado de hasta 2.000 millones de dólares.

La concepción es que actúe como un importante ins-trumento para el desarrollo de los Proyectos Grannacionales y las Empresas Grannacionales del ALBA, reembolsando como tendencia los créditos que otorgue, para buscar sos-tenibilidad financiera en el contexto de la cooperación, la ventaja mutua y la solidaridad entre los países miembros.

El Sistema Único de Compensación Regional Económico (SUCRE) es una de las más importantes y recientes realizacio-nes del ALBA, en tanto es otro paso del desacople estratégico de la hegemonía imperialistas. En este caso se trata de un desacople gradual del dólar como unidad de cuenta y medio de pago. En el marco constitutivo del SUCRE se afirma que "el SUCRE aspira a alcanzar mayor independencia y sobe-ranía monetaria y financiera, en la perspectiva de lograr el desacople gradual del dólar estadounidense."[173]

---

[173]   SUCRE (2009), *Marco Constitutivo del SUCRE*, Venezuela, abril de 2009.

El 3 de febrero de 2010, tuvo lugar la primera operación comercial entre países del ALBA con base en el SUCRE. Venezuela vendió a Cuba las primeras 360 toneladas métricas de arroz de un total de 8.000 que colocará la República Bolivariana en el mercado cubano, donde el pago correspondiente de la Isla será en esa moneda.[174]

Otras expresiones de desacople son Radio Sur, TeleSur, Prensa Latina, Radio Habana Cuba y el Satélite Simón Bolívar como apuesta alternativa y desacople progresivo de las cadenas mediáticas hegemónicas (ABC, CNN, VOA, CBS etc.).

Otro emprendimiento en el camino de la desconexión gradual es el PG Alba Cultura que contiene varias dimensiones como la alfabetización, la postalfabetización de los pueblos, la Editorial ALBA y las Casas de Cultura del ALBA, cuya misión es combatir el analfabetismo, que es funcional a la dominación imperialista, y crear las condiciones objetivas y subjetivas para elevar la inserción internacional y la competitividad de las economías del ALBA, pero sin retroceder en el desarrollo del ser humano.

A fin de cuentas, el fracaso de la integración cepalina y neoliberal en América Latina y el Caribe se debe a que la historia de la integración en nuestra región ha sido articulada por el mercado y las reglas de la acumulación capitalista, olvidando al ser humano. ¿Para qué sirve la integración y la competitividad si no es para el desarrollo de los pueblos, de las naciones y de las fuentes de creación de toda la riqueza que son los trabajadores? El equilibrio entre competitividad económica y desarrollo humano es aún una asignatura pendiente para la integración capitalista en Latinoamérica y el Caribe.

---

[174]   SUCRE (2010), *Venezuela y Cuba concretaron primera operación comercial con el Sucre*, 3 de febrero de 2010. Disponible en línea: http://andes.info.ec

El ALBA acepta el reto de buscar el equilibrio entre competitividad y desarrollo humano de los pueblos en un contexto global complejo y lleno de desafíos, pero a la vez oportuno en tanto la crisis no es sólo destrucción, sino también oportunidad para repensar caminos, estrategias, conceptos, emprendimientos y desacoplarse del sistema en crisis.

El sueño americano y europeo ahora es una pesadilla. No es oportunidad, es desempleo, es programa de retorno obligatorio, es marginación. El sueño, o mejor dicho el despertar de los pueblos, está aquí, en la comunidad, en la nación, y es bien recibido, no en un mercado extranjero que lo admite porque lo necesita (no lo ama, sino en el fondo lo desprecia). Aquí, junto a su familia, que es la célula básica de la sociedad, y no en la emigración que desestructura la familia y la comunidad. Aquí, en sus propios países, que necesitan lo mejor que disponen: la energía, la alegría y la capacidad de trabajo de sus hijos y no en el extranjero, que no hizo nada por su superación y gana sobrexplotando su fuerza de trabajo, sus conocimientos ancestrales y su cultura del trabajo.

Ese es uno de los desafíos más importantes del ALBA, soñar en Latinoamérica y el Caribe con los pies bien puestos en nuestra tierra, y despertar con bríos de trabajo y respuestas contestatarias, sostenibles y alternativas frente a un modelo y a un sistema que son infuncionales y aspiran a que los pueblos carguen sobre sus espaldas los costos de su agonía.

La Habana, 19 de febrero, 2010

El ALBA: TEORÍA Y PRÁCTICA DE LA INTEGRACIÓN REGIONAL

Eugenio Espinosa[175]

En su corta evolución de cinco años de existencia, la Alianza Bolivariana para los Pueblos de Nuestra América (ALBA) ya exhibe logros fundamentales, principalmente en la dimensión social del proceso integracionista, en su institucionalidad y en sus proyectos productivos. A su vez, ha tenido que enfrentar y enfrenta desafíos de consideración en el futuro cercano y de largo plazo, que ponen en riesgo su desarrollo y capacidad de reproducción. Por ser un proceso de integración regional que desafía postulados en la teoría y la práctica establecidos a partir de otras experiencias, resulta necesario realizar un doble análisis:
  1. Una breve revisión de las teorías y la práctica de la integración regional.
  2. Exponer la evolución del ALBA, sus antecedentes, logros, factores determinantes, desafíos y perspectivas.

1. Teorías sobre la integración regional internacional

Por ser un fenómeno de índole multidimensional, los procesos de integración regional han sido abordados desde las ciencias económicas, las ciencias sociales, las ciencias políticas y jurídicas, y las teorías de las relaciones internacionales. Mientras los economistas se han dedicado más

---

[175]   Profesor e Investigador de FLACSO-Cuba.

a los asuntos de los intercambios económicos (comercio,
inversiones y tecnologías), los sociólogos se han interesado más en los asuntos del bienestar o de las dinámicas
de los actores que participan y determinan en el proceso,
mientras los politólogos se han concentrado en los temas
del poder y los valores compartidos, los juristas en los
asuntos organizativos e institucionales y los teóricos de
las relaciones internacionales enfatizan en el tema de los
Estados nacionales y las instituciones internacionales.

Los análisis sobre los procesos de integración regional
no solamente se caracterizan por su sesgo disciplinario
sino también geográfico, es decir, mientras los autores de
los países centrales enfatizan las cuestiones del comercio,
del crecimiento económico y del poder internacional, a los
autores de los países periféricos les interesa más el tema de
la contribución o no de la integración regional al desarrollo,
al aumento o no de sus capacidades de negociación internacional, y la contribución o no de la integración regional
a las transformaciones estructurales (sean económicas,
políticas, sociales, culturales o tecnológicas) de sus respectivos países, la mejoría o no de su inserción internacional
y el incremento del bienestar para todos sus pobladores,
y sobre todo, para los sectores secularmente excluidos de
todo beneficio social.

La literatura sobre los procesos de integración regional
es abundante, por lo que en este acápite será presentada
una apretada síntesis de algunas de las teorías existentes.
El asunto ha sido tratado desde múltiples ángulos que no
serán aquí abordados. Este acápite se limitará a tratar las
teorías económicas, políticas, sociológicas y de relaciones
internacionales de la integración regional internacional
sin hacer referencia a las ciencias y teorías más generales
sobre las cuales se asienta.

La primera cuestión se refiere al concepto mismo de
integración regional, cuya diversidad tiene que ver tanto

con el abordaje disciplinario que se asuma, como con las cuestiones que cada autor esté interesado en destacar, o de la experiencia concreta a partir de la cual se intente conceptualizar el fenómeno. Tiene razón Galtung[176] cuando tempranamente apuntó la ausencia de una teoría general y la proliferación de teorizaciones a partir de experiencias concretas, situación que hasta hoy se mantiene.

1.1. Teorías desde la Sociología y las Ciencias Políticas

Una de las primeras formulaciones teóricas provino del funcionalismo. Era el momento de los años 1960, en que proliferaban los acuerdos de integración regional en Europa, América Latina, África y Asia. La importancia de la *teoría funcionalista* radica en que constituye una de las bases teóricas del proceso de integración europea.

Propone Galtung[177] (1969) una definición que conserva hoy en día sus cualidades explicativas de algunos aspectos: "La integración es el proceso mediante el cual dos o más actores forman un nuevo actor. Cuando el proceso se completa, se dice que los actores están integrados. En sentido inverso, la desintegración es el proceso por el cual un actor se quiebra en uno o más actores. Cuando se completa dicho proceso se dice que el actor está desintegrado". Más adelante apunta que "la integración debe ser considerada como un proceso que implica no sólo a los actores que lo constituyen, sino también su medio ambiente. Tan sólo cuando el nuevo actor se encuentra tan firmemente integrado que su propia imagen coincide con la de otros, se ha completado el proceso de integración". De manera que en este enfoque se destacan dos parámetros fundamentales,

---

[176] Galtung, Johan (1969), "Una teoría estructural de la integración", en *Revista de Integración*, núm. 5, INTAL, BID.

[177] *Ibíd.*

el reconocimiento por parte de otros actores externos y la capacidad de las interacciones internas del nuevo actor. Como una de las bases para la integración destaca la *similitud*, sea por estatus o por compartir los mismos valores, señalando que ésta es altamente compatible con una pauta horizontal de asociación. Distingue tres maneras de avanzar:

- Integración territorial: agrupar a las naciones según el principio de *vecindad*. Frecuentemente a esto se le llama regionalismo.

- Integración organizacional o vertical: agrupar a las naciones en un sistema interdependiente con división del trabajo.

- Integración asociacional u horizontal: congregar a las naciones según el principio de *afinidad*.

Caracteriza una dinámica de realización de uno a otro tipo de integración a partir de los conflictos y crisis en que se desenvuelven cada una de ellas.

Aunque este enfoque presenta la virtud de centrarse en los actores, sus intereses, capacidades y conflictos, principalmente en las interacciones internas que conforman al nuevo actor, sin embargo, adolece de no tener en cuenta aspectos relevantes: la dimensión económica en los procesos de integración regional, las condiciones internacionales como factor de integración o desintegración, y no resuelve el tema de la desaparición de los actores que se integran para formar un nuevo actor.

En especial ha sido objeto de debate, tanto en la Unión Europea como en los casos de los procesos de integración regional en la América latina y el Caribe, el tema del traslado de lealtades y soberanías a un ente supranacional, condición que los neofuncionalistas consideran indispensable para realizar la integración. Ese debate continúa hoy en la teoría y en la práctica.

Claro ejemplo de ello es la definición propuesta por Haas: "La integración política es el proceso por el cual los actores políticos de diferentes entornos nacionales son llevados a trasladar sus lealtades, expectativas y actividades políticas hacia un nuevo centro, cuyas instituciones poseen o exigen la jurisdicción sobre los estados nacionales preexistentes. El resultado final de un proceso de integración política es el de una nueva comunidad política, sobreimpuesta sobre las comunidades políticas preexistentes."[178]

El enfoque, en este caso, ya no es el de la Sociología sino el de las Ciencias Políticas, lo que torna más visible aspectos relevantes del concepto. El funcionalismo y el neofuncionalismo han sido cuestionados desde dos vertientes principales: una le critica su excesivo eurocentrismo, y la otra destaca el carácter intergubernamental de los procesos de integración regional.

Un intento de superar el problema lo ofreció tempranamente Mitrany,[179] al incorporar la noción de soberanías compartidas y enfatizar que los procesos intergubernamentales, lejos de conducir a la desaparición de los Estados nacionales en un ente supranacional, más bien conducen al fortalecimiento de los mismos en determinadas condiciones, aspecto desarrollado posteriormente por Alan Milward.

El concepto de soberanías compartidas constituye uno de los aportes más importantes de estos autores, inicialmente propuesto por David Mitrany y Alan Milward.[180] La noción de soberanías compartidas, sin embargo, no recibió

---

[178]   Haas, Ernest .B. (1968), *The Uniting of Europe*, Stanford, Stanford University Press (2a. ed.). p. 16.

[179]   Mitrany, D. (1970), "The functional approach to World organisation", en Cosgrove, C. A. y Twitchet, K. (eds.), *The new international actors: the UN and the EEC*, Londres, Macmillan.

[180]   Milward, Alan (1992), *The European Rescue of the Nation-State*, Londres, Routledge.

mayor atención por los neofuncionalistas, que consideran la noción de soberanía como fuente de conflictos a partir de la exacerbación de los nacionalismos. Tampoco recibió mayor destaque por los intergubernamentalistas que centraron su enfoque en el mutuo reforzamiento entre las instituciones comunitarias y los Estados miembros, y en la dinámica particular entre ambas a medida que avanzaba la integración europea.

Otro concepto fundamental en los funcionalistas es el de *spill over* (derrame o ramificación), desarrollado principalmente por Haas y posteriormente perfeccionado por Lindberg. La idea consiste en considerar que los procesos de integración tienen una dinámica de expansión de unos a otros sectores, generando expectativas, intereses e identidades positivas entre los actores en los diferentes sectores a medida que avanzan los acuerdos integracionistas. Para los funcionalistas y neofuncionalistas, este proceso transitaría de la economía a la política, lo cultural, hasta la política exterior, la defensa y la seguridad.

Mas allá de sus coincidencias y herencias comunes, la diferencia fundamental entre funcionalistas y neofuncionalistas consiste en que para los primeros el traslado de lealtades y de cesión de soberanías, así como la dinámica expansiva de la integración en un proceso gradual y acumulativo, transcurriría a nivel de la ciudadanía, mientras que para los neofuncionalistas dicho proceso se produciría entre las élites de cada país.

La crítica al neofuncionalismo provino de los teóricos realistas y pluralistas en las relaciones internacionales, sobre todo de Stanley Hoffman,[181] y también de Joseph Nye y

---

[181]   Hoffmann, S. (1964), "Europe's identity crisis: between the past and America", en *Daedalus*, vol. 93, pp. 1271-1296; Hoffmann, S. (1966), "Obstinate or obsolete? The fate of the nation-state and the case of Western Europe", en *Daedalus*, vol. 95, 3, pp. 862-915; Hoffmann, S.

Robert Keohane. La crítica inicial desde la teoría coincidió con el momento en que el proceso de integración europea transitaba hacia un énfasis en lo intergubernamental. Hoffman apuntó tres aspectos relevantes:

- En primer lugar, Hoffmann rechazó la tesis de que el proceso de integración pudiera conducir a que los Estados dejaran de ser la principal unidad política del sistema comunitario, argumentado el importante control que ejercen los gobiernos sobre la dinámica comunitaria. Señaló también lo erróneo de la predicción neofuncionalista sobre la "transferencia de lealtades" desde los gobiernos a las instituciones comunitarias, por parte de las ciudadanías nacionales.[182]

- La segunda crítica de Hoffmann al neofuncionalismo apunta a la tradicional distinción entre los temas de "baja política" (la economía, la tecnología y el bienestar de la población) y los de la "alta política" (aquellos que tienen que ver con la supervivencia del Estado, léase, política exterior, defensa y seguridad). Si bien para asuntos de "baja política", los gobiernos europeos –en el marco del proceso de integración– han creado órganos centrales encargados de formular estrategias comunes (a partir de la identificación de la convergencia de los distintos intereses), esto no es posible para la "alta política". En los terrenos técnico-económicos, argumenta Hoffmann, la interdependencia hace prevalecer la solidaridad sobre la competencia. Por ello, resulta factible la integración económica. En cambio, en el ámbito de la "alta política", los gobiernos no aceptarán crear órganos comunes supranacionales que identifiquen la convergencia de intereses. En consecuencia, la

---

(1982), "Reflections on the Nation-State in Western Europe Today", en *Journal of Common Market Studies*, vol. XXI, 2/2, pp. 21-38.

[182]   Hoffmann, S. (1964), *op. cit.*; Hoffmann, S. (1966), *op. cit.*

integración económica no es susceptible de "desbordarse" automáticamente hacia la esfera de lo político, sino que actúa en contra de la integración política. Al fortalecer las economías de los Estados europeos, el proceso de integración aumentó su margen de autonomía política y actuó como un elemento de desánimo para la integración política.[183]

- La tercera observación de Hoffmann al neofuncionalismo subraya la falta de atención de esa corriente a la importancia del contexto internacional en el desarrollo del proceso de integración comunitario.

La argumentación neorrealista de Hoffman está dirigida a dos conceptos fundamentales del funcionalismo, al cuestionar tanto la dinámica automática del *spill over* como el proceso de traslado de soberanías de los Estados al ente supranacional.

A pesar de lo atinado de las observaciones de Hoffman, puede argumentarse la ausencia en este autor de una dimensión inclusiva de las relaciones internacionales, ya que considera a las grandes potencias como los únicos actores relevantes en este ámbito.[184] Tampoco diferencia los procesos de integración regional de acuerdo a las diferencias entre los actores, lo que conduce a suponer que toda integración regional debe seguir el camino europeo.

Si bien no se cumplieron las predicciones funcionalistas del traslado de lealtades y soberanías a la entidad supranacional, ni del *spill over* hacia todos los sectores, salvo en la medida en que se refuerzan las acciones y capacidades de los Estados miembros, hay otros dos aspectos de sus estudios que ameritan destacarse:

---

[183]   Hoffmann, S. (1982), *op. cit.*
[184]   Espinosa, Eugenio (2004), "La cooperación internacional en las relaciones internacionales de Cuba", en *Diálogos sobre a Patria Grande, Contribucoes dos ocupantes* (2003 / 2004), d la Cátedra Vilmar Faria de Estudos Latinoamericanos, Brasilia, FLACSO Brasil / Abare.

- La idea de la necesidad de la cooperación para evitar los conflictos entre los Estados.
- Resolver problemas del bienestar que los Estados por sí mismos no serían capaces de enfrentar dada la naturaleza internacional de éstos y las limitaciones de los Estados nacionales para asegurar el bienestar público.
- La noción de la importancia de las instituciones internacionales para promover la cooperación.

Las nociones actuales de cooperación internacional, de bienestar público y del papel de las instituciones internacionales han cambiado significativamente en el tiempo, y ciertamente tienen significados diversos en dependencia de los intereses de los actores, o para ser más precisos, en lenguaje de Carlos Marx, de acuerdo a los intereses de clase de los Estados nacionales.

Para un proceso de integración como el ALBA, resultan de importancia las nociones de cooperación internacional, de soberanías compartidas, y la necesidad de crear organismos internacionales (sea para beneficio mutuo de los países miembros y sus respectivas poblaciones, sea en un marco internacional más amplio). De igual manera, la idea de que los Estados aumentarían su capacidad de atender necesidades de interés nacional mediante la cooperación. Sin embargo, habría que precisar que en los marcos del ALBA y de los procesos que en sus países miembros actualmente se registran, estas ideas presentan contenidos nuevos.

La teoría intergubernamental continuó sus aportes en los trabajos del propio Hoffman, así como en los de Robert Keohane, Joseph Nye, Andrew Moravcsik[185] y Paul Taylor.

---

[185] Moravcsik, Andrew (1993), "Preferences and Power in the European Community: A Liberal Intergovernmentalist Approach", en *Journal of Common Market Studies,* vol. 31, 4, pp. 473-524. Disponible en línea: http://www.politicalreviewnet.com y http://www.wiley.com

El enfoque en estos casos constituye una simbiosis de las teorías realistas en las relaciones internacionales con las teorías institucionalistas y de los pluralistas, incorporando los conceptos de régimen internacional (entendido como normas, reglas y valores) y de interdependencia. En este caso nos encontramos principalmente en el plano de las ciencias políticas.

Elemento clave en sus análisis lo constituye la importancia concedida al papel de las instituciones en su interacción con los Estados nacionales en el proceso de integración regional, apuntando que ambos se refuerzan mutuamente, lo que convierte en teoría la descripción del proceso real. Esto que puede ser criticado como empirismo, sin embargo, tiene la virtud de cierta tendencia a reconocer los hechos tal y como son, uno de los postulados de la escuela realista.

La tesis que subyace fue expresada por Paul Taylor,[186] al destacar que el poder de las instituciones comunitarias proviene de los Estados y de sus relaciones con los grupos de intereses en cada Estado, de manera que la instancia comunitaria resulta un actor dependiente de las instancias nacionales. Enfatizaron estos autores la idea de que lo determinante es el proceso de toma de decisiones a través del cual se dinamiza o se hace lento el proceso de integración y no a la inversa, como propugnaban funcionalistas y neofuncionalistas.

Así, son tres las tesis propugnadas por la corriente intergubernamentalista: el papel principal de los Estados, la interacción entre los Estados y las instancias comunitarias, que algunos autores caracterizan como simbiosis, y centrarse en el proceso de toma de decisiones.

---

[186]   Taylor, Paul (1996), *The European Union in the 1990's*, Oxford, Oxford University Press.

No obstante las virtudes de algunos de sus conceptos y análisis, puede objetársele a esta corriente algunos aspectos de importancia:

- Omiten a los actores no gubernamentales, no sólo a los grandes monopolios y oligopolios transnacionales sino también, y sobre todo, a las organizaciones sociales y a diversos sectores sociales, enfatizando excesivamente las capacidades de los actores comunitarios y estatales. Por supuesto que no toman en cuenta el papel de las diversas clases sociales.

- Teorizan a partir de la experiencia única de la Unión Europea, por lo que no sería exagerado afirmar que basan sus percepciones a través de la mirada europea y/o de la percepción que desde los EUA se tiene de Europa, indudablemente un actor o actores relevantes internacionalmente pero no los únicos existentes en las relaciones internacionales.

- Si bien remiten el origen de los intereses de las instituciones internacionales comunitarias a los de los Estados, y a la vez relativizan éstos al llamar la atención sobre las particularidades de los intereses a nivel de la Unión Europea, no explican el origen de los intereses estatales, atribuyéndoles a los Estados nacionales el estatus de actores *per se.*

Para un proceso de integración regional como el ALBA, que en poco tiempo ha avanzado en la creación de mecanismos e instrumentos intergubernamentales de cooperación entre sus miembros, y en la que se ha tornado más complejo el proceso de toma de decisiones en el mismo, algunos conceptos y análisis de la corriente intergubernamentalista resultan de utilidad.

1.2. Teorías económicas sobre la integración regional internacional

Resulta frecuente comenzar por la presentación crítica de la *teoría neoclásica de integración regional,* a partir de su importancia como base de la integración europea y de los tratados de libre comercio. Cabe apuntar que, contrariamente a lo que pudiera pensarse, estos trabajos iniciales centraron su atención en las uniones aduaneras y no en los tratados de libre comercio, y consideraban países con similares niveles de desarrollo económico.

Es usual reconocer que se inicia con la obra de Jacob Viner en 1950, pero frecuentemente se olvida que simultáneamente Maurice Bye publicó su obra ese mismo año.[187] La diferencia fundamental entre ambos consiste en que el segundo consideró el problema de las economías de escala, su relación con el tamaño de los mercados y con la integración regional, asunto desestimado por el primero.

Otro autor fundamental en este enfoque fue Bela Balassa,[188] quien propuso los distintos tipos de integración económica concibiéndolos además como una sucesión de etapas: zona de libre comercio, unión aduanera, mercado común, unión económica, comunidad económica. Balassa define la integración como "diversas medidas tendientes a eliminar la discriminación entre unidades económicas".

Resulta importante apuntar que Viner insistió en que no siempre las uniones aduaneras tienden al libre comercio ni al bienestar, concentrando su atención en el problema de los efectos antes y después. Tres conceptos fundamentales

---

[187]   Viner, Jacob (1950), *The Customs Union Issue,* Nueva York, Carnegie Endowment for International; Peace, Maurice Bye (1950), "Unions Douanières et Donné Nationales", *Economie Appliquée,* enero-marzo de 1950, núm. 1, Geneve.

[188]   Balassa, Bela (1964), *Teoría de la Integración Económica,* Biblioteca Uteha de Economía, México.

en su obra son los de creación de comercio, desvío de comercio, análisis *ex ante* y *ex post*. La argumentación de Viner se basa en la teoría de las ventajas comparativas relativas, proveniente de la teoría neoclásica del comercio internacional desarrollada a partir de David Ricardo y del teorema de Eli Hecksher-Bertil Olhin. Es el momento en que Europa se lanza a iniciar su objetivo de integración regional en un contexto de escasez de dólares, en que el Plan Marshall ha casi concluido, y en que busca consolidar sus mercados moderando la competencia de las exportaciones estadounidenses, sobre todo para las grandes empresas francesas y alemanas. En la economía internacional es el momento de las negociaciones del GATT con su proclamación del libre comercio y su cláusula de excepción que permitió el avance de las negociaciones integracionistas europeas, y de la expansión de la exportación de capital bajo la forma de inversiones directas por parte de los monopolios transnacionales estadounidenses, principalmente hacia Europa y hacia la industria.

Es en este contexto que los análisis de Viner adquirieron relevancia para Europa. Propone que existirá creación de comercio cuando la unión aduanera da lugar a un incremento del comercio entre sus miembros, sea a través de la ampliación de sus transacciones intraregionales o del aumento de sus importaciones del resto del mundo. Existirá desviación de comercio cuando los países que se integran desvían hacia el interior de la unión importaciones que antes realizaban desde terceros países, sin compensar ese desvío realizando otras importaciones.

El que exista creación o desvío de comercio dependerá de la relación entre los niveles de aranceles y tarifas antes y después de la unión aduanera respecto a terceros países y entre ellos, y sus efectos (beneficios o perjuicios sobre la producción, eficiencia y consumo) incidirán sobre los volúmenes de comercio y la asignación de recursos productivos en función de los costos y precios relativos, cuestión desarrollada por autores posteriores. Ninguno de los autores neoclásicos hace referencia a las negociaciones del GATT ni a la promoción del libre comercio por los EUA como dos de las condicionantes de esta teorización, salvo al referirse a sus implicaciones para el libre comercio o para el multilateralismo. Ello no debe sorprender dada la propensión de estos autores a desestimar los contextos históricos.

No tardaron las observaciones críticas al modelo de Viner, tanto desde las posturas de la teoría neoclásica, como es el caso de Balassa y Meade, entre otros, como desde una perspectiva keynesiana estructuralista, todos aspectos relevantes para los procesos de integración regional entre países del Sur:

- Análisis estático que no toma en cuenta las transformaciones productivas.
- Simplificación de los factores en la creación y desviación de comercio.
- Considerar sólo al comercio como factor de bienestar, y limitar el análisis del proceso de integración regional a la esfera comercial.
- Desestimar los efectos positivos de algunas desviaciones de comercio.

La teoría estructuralista keynesiana de la integración regional cuenta entre sus autores a Jan Tinbergen, Charles Kindleberger y Gunnar Myrdal. Para Tinbergen la integración es "un esfuerzo para realizar una estructura deseable de economía internacional mediante la eliminación de barreras artificiales, haciendo óptimo su funcionamiento e implementando elementos para su coordinación y unidad."[189]

---

[189]   Tinberger, Jan (1954), *International Economic Integration*, Elsvier, Amsterdam.

La escuela keynesiana y neokeynesiana de integración económica regional enfatiza la participación del Estado, la planificación y programación de la actividad económica integracionista, el papel de las inversiones para la complementación económica, la coordinación de las políticas entre los países miembros, las políticas de incentivos, las economías de escala, las políticas sectoriales y de compensación, y de asistencia social. Para esta corriente de pensamiento, los procesos de integración regional internacional estaban asociados a las metas de crecimiento y desarrollo de los países miembros, a la integración productiva sectorial, a la ampliación de los mercados vía ampliación del espacio económico y vía la redistribución de los ingresos a través del presupuesto.

Un intento de transponer y conciliar los conceptos neoclásicos originales con los problemas del desarrollo fue intentado por Andic y Dosser,[190] que introdujeron los conceptos de creación y desviación de desarrollo por parte de los acuerdos de integración regional. Para estos autores, la creación de comercio tiende a perpetuar las condiciones de especialización productiva, posponiendo el desarrollo de la economía con mayor atraso relativo, por lo que consideran que el libre comercio no conduce al bienestar, en consecuencia propugnan establecer mecanismos de protección para industrias viables y potencialmente exitosas en los países del Sur como una vía cierta e históricamente comprobada hacia el desarrollo y el bienestar. Esa vía cierta y comprobada históricamente la refieren a un extenso análisis de la historia económica de Alemania y de los EUA., ambos proteccionistas en el interior de sus respectivas

---

[190] Andic, S. y Dosser, D. (1977), "Una contribución a la teoría de la integración económica", en *Integración Económica*, Lecturas del Trimestre Económico, núm. 19, FCE, México.

economías hasta la década de 1930, y podríamos añadir, selectivamente proteccionista hasta nuestros días.

En el caso de los EUA, frente a la crisis económica mundial iniciada en 1929, pasa a ser partidario del comercio administrado y la reciprocidad comercial a partir de los años 1930 y 1940, lo que se evidencia en la Ley de Comercio de 1934 que concedía al Presidente la capacidad de negociar acuerdos bilaterales de aranceles que debían ser ratificados por el Congreso. Hacia inicios de los años 1940, los EUA habían firmado más de veinte acuerdos bilaterales comerciales (denominados tratados de reciprocidad comercial), la mayoría con países latinoamericanos, de triste recordación por sus consecuencias y que condujeron al proteccionismo selectivo estadounidense y a la apertura comercial bilateral latinoamericana. Frente a la crisis, los EUA se refugian económicamente en América Latina y el Caribe, y se preparan para continuar su expansión mundial.

En una interesante transposición de los conceptos de Viner, Andic y Dosser destacaron que para los países que denominaban de incipiente desarrollo, la creación de comercio equivale a desviación del desarrollo, mientras la desviación de comercio puede conducir a la creación de desarrollo siempre que se establezcan procedimientos de protección e incentivos selectivos de las industrias con mayor potencial de beneficio.

Gunnar Myrdal, destacado economista de la escuela sueca de economía, figura significativa hasta los años 1960 y posteriormente olvidado y silenciado por la ola neoliberal de los años 1980 y 1990, destacó las nociones de círculo vicioso y círculo virtuoso, así como la importancia económica y política de crear un orden internacional de posguerra basado en la solidaridad y la cooperación internacionales.

Las diferencias entre neoclásicos y neokeynesianos en cuanto a la integración regional radican en el papel que le asignan al Estado y al mercado, a las políticas económicas que deben ser implementadas, en el diferente énfasis y en la importancia que le confieren a la integración productiva versus integración comercial. Coinciden en priorizar los incentivos a la iniciativa privada. En cuanto al capital extranjero, la escuela neokeynesiana considera la necesidad de regulaciones de desempeño, mientras los neoclásicos abogan por trato igual para los capitales y empresas nacionales y extranjeros. Para ambos, el capital extranjero desempeña un papel fundamental en los procesos de integración regional.

Al enfrentar estas teorías a las realidades concretas de los procesos de integración regional, en este caso de la integración europea a la que dedicaron la mayor parte de sus esfuerzos y a partir de la cual formularon sus elaboraciones teóricas, se constata que en la formación y desarrollo de la Unión Europea han estado presentes ambas teorizaciones, en diferentes momentos históricos y en diversas dimensiones de la misma.

Desde los años 1950 y en los años 1960, con el inicio de las experiencias integracionistas en América Latina y el Caribe, se realizaron diversos intentos de aplicar las teorías existentes en esta región del mundo de una u otra manera, que no estuvieron exentos de tener en cuenta las especificidades de la región. Las concepciones de la Comisión Económica para América Latina y el Caribe (CEPAL) sobre la integración regional en Latinoamérica surge de la confluencia de diferentes factores, pero indudablemente influida por las teorías neoclásica y neokeynesiana de integración regional. El ingrediente teórico fundamental subyace en la teoría del desarrollo de la CEPAL que elabora una percepción, nueva en su momento, para analizar los problemas de las economías latinoamericanas y caribeñas y proponer políticas y estrategias de desarrollo para enfrentarlos. La teoría del desarrollo de la CEPAL,[191] origi-

---

[191]   La obra de Prebisch y la CEPAL es extensa, por lo que no resulta posible referenciarla *in extenso*. Referencias pueden encontrarse en: Rodríguez,

nariamente formulada por Raúl Prebisch y ampliada por un grupo de economistas latinoamericanos y caribeños, parte de cuatro elementos fundamentales:

- El concepto de centro-periferia como estructura principal del sistema mundial caracterizado por las asimetrías entre ambos grupos de países (una de cuyas manifestaciones significativas la constituye el deterioro de los términos de intercambio comercial).
- La heterogeneidad estructural que caracteriza a los países periféricos significa que las transformaciones estructurales en las economías de estos países es condición fundamental para su desarrollo, siendo la sustitución de importaciones vía aranceles y la promoción de exportaciones vía incentivos dos instrumentos que se conciben como idóneos para impulsarlas. La industrialización de las economías latinoamericanas constituye una de sus necesidades principales, entendida como industrialización de la economía en su conjunto y no solo de la manufactura.
- El Estado y la programación del desarrollo deben constituir un instrumento de importancia de esas transformaciones estructurales, creando espacios favorables al impulso de la iniciativa privada.
- Regulaciones al capital extranjero.
- La integración regional a través de la cooperación regional e internacional como instrumento que facilite, vía ampliación de los mercados, las transformaciones estructurales, principalmente la industrialización de las economías.

Octavio (1980), *La teoría del subdesarrollo de la CEPAL,* Siglo XXI, México DF; Rodríguez, O (2001), "Prebisch: actualidad de sus ideas", en *Revista de la CEPAL,* núm. 75, Santiago de Chile; Pollock, D., Kerner, D. y Love, J (2001), "Entrevista inédita a Prebisch: logros y deficiencias de la CEPAL", en *Revista de la CEPAL,* núm. 75, Santiago de Chile.

La creación de empleos, la redistribución de ingresos y la reforma agraria se conciben como instrumentos de política que deben coadyuvar a las transformaciones de la economía.

La evolución del pensamiento de la CEPAL a lo largo de los años, su adecuación a cada momento histórico vivido por la región, en ocasiones renunciando o desestimando las ideas originales que permitieron su surgimiento, y la aplicación o no de sus propuestas por parte de los gobiernos latinoamericanos, resulta un tema extenso que aquí no puede ser abordado.

La teoría de integración regional de la CEPAL la concibe como instrumento que favorezca los procesos de transformaciones productivas en el camino de la industrialización de todos los sectores de la economía. La integración regional cepalina piensa la aplicación de preferencias comerciales (arancelarias y no arancelarias, estas últimas principalmente en el terreno del financiamiento al comercio exterior) como instrumento posible pero no el único, ya que enfatiza en la ampliación de los mercados y la creación de instrumentos conjuntos de financiamiento a la industrialización.

Una de las ideas iniciales de la CEPAL desde finales de los años 1940 fue la constitución de un mercado común latinoamericano, proyecto nunca logrado ni siquiera como propuesta a partir de la oposición estadounidense y de sectores oligárquicos de la región. El resultado fue la ALALC / ALADI, cuya existencia y evolución condujo a la idea de que la integración regional concebida a partir de la CEPAL se limitaba al comercio. La idea de una versión minimalista de la integración regional tuvo magros resultados: pequeño número de países beneficiados, amplios sectores sociales marginados de la misma, pocos sectores económicos beneficiados mínimamente (las grandes empresas latinoamericanas, algunas privadas y otras estatales, y sobre todo, los grandes monopolios transnacionales).

La CEPAL concebía las preferencias comerciales como instrumento que permitiera la ampliación de los reducidos mercados internos nacionales, constreñidos por el estrangulamiento externo, las limitaciones del proceso de sustitución de importaciones que consideraba relativamente agotado desde inicios de los años 1960 y por la desigual distribución de los ingresos resultado de la heterogeneidad estructural de las economías y sociedades latinoamericanas. Para el caso del Caribe, a lo anterior se añadía el factor del tamaño de sus economías.

En la concepción cepalina, el mercado regional (y los mercados subregionales) se verían ampliados por la complementación industrial que debía desarrollarse con el apoyo de los Estados, teniendo en cuenta la noción del trato especial y diferenciado entre los países. Las consideraciones del propio Prebisch en 1972 sobre el MCCA (Mercado Común Centroamericano) son aplicables a otros esquemas de integración. Según Prebisch:

> Pero, ¿por qué no avanzó el MCCA en los acuerdos de complementación? La CEPAL luchó a brazo partido para introducir esta modalidad. Pero hubo factores exógenos de considerable significación que desbarataron los esfuerzos de la oficina de la CEPAL en México, alegando aquello de que el capital privado, librado a sus impulsos espontáneos, distribuye las industrias en la forma más conveniente desde el punto de vista de todos. Claro que esto se refería especialmente al capital privado extranjero que no tenía interés en que los gobiernos intervinieran en forma alguna con respecto a lo que se fuera a producir. Como consecuencia de ello se impuso el desequilibrio.[192]

---

[192]   BID / INTAL (1972), *La integración latinoamericana en una etapa de decisiones, intervención de Raúl Prebisch en el simposio sobre el Uruguay y la ALALC*. Espinosa, Eugenio (1982), "Integración en el CARICOM", en *Cuadernos de Pensamiento Propio*, INIES / CRIES, Managua.

No obstante, la CEPAL y los gobiernos latinoamericanos continuaron favoreciendo la inversión extranjera
con regulaciones mínimas (caso Pacto Andino, que duró
poco a raíz de la salida de Chile) o sin ninguna regulación.
Son numerosos los estudios que muestran y demuestran
evidencias del efecto desintegrador del capital extranjero
y las empresas transnacionales, aun más sin regulaciones
claras de desempeño.

Hay que decir que los procesos de integración regional
de perfil estructuralista concebidos por la CEPAL tuvieron
efectos en el crecimiento de las exportaciones manufactu-
reras intralatinoamericanas, pero una buena parte de ellas
como comercio intrafirma entre multinacionales, y con bajo
impacto en el comercio intralatinoamericano total: nunca
rebasó el 25% en los esquemas subregionales (nivel sólo
alcanzado como récord histórico y no como piso estable
de comercio intrarregional), y aun en estos casos con una
alta dependencia del ciclo económico mundial.[193] Tampoco
contribuyó a reducir las desigualdades entre países latinoamericanos concentrándose en un pequeño número de
éstos, lo que condujo a la salida y/o resistencias de mayor
o menor amplitud de los países y gobiernos afectados.

Mucho menos se logró resultado en la contribución
social de la integración regional. Se concebía que el avance
en la industrialización impulsada por los mercados regionales contribuyera al crecimiento económico y del empleo
remunerado con protección social. Hacia finales de los años
1970 ya se sabía que la marginalidad, el empleo espurio y
las desigualdades sociales se mantenían y se ampliaban.
Hoy día es consensual que la región es una de las más
desiguales del mundo, con altos niveles de exclusión social.

---

[193]   CEPAL (2009), *Panorama de la inserción internacional de América Latina
y el Caribe. Crisis y espacios de cooperación regional*, Santiago, Chile.

Las ideas de la CEPAL recibieron críticas tanto de la derecha conservadora liberal primero y neoliberal después, como de las izquierdas latinoamericanas que procuraban y procuran mejores condiciones de vida y de trabajo para las amplias mayorías populares en condiciones de soberanía política y construcción de la independencia económica.

Desde sus mismos orígenes (en 1950), recibió la crítica más aguda de su principal insuficiencia: desestimar o no valorar en sus análisis la naturaleza sociopolítica del Estado,[194] esto es, las clases y sectores sociales que impulsan el proceso integracionista. Las transformaciones estructurales serían posibles en un Estado democrático popular.

En los años 1980 y 1990 es conocido el auge neoliberal que registra un viraje en su crisis política a partir de finales de los 1990 e inicios de los 2000, fecha en la que se inicia la conformación de lo que se ha dado en llamar un nuevo mapa político latinoamericano,[195] específicamente a raíz del triunfo electoral en Venezuela que inicia la República Bolivariana y del triunfo electoral en Brasil de la coalición de partidos liderada por el PT.

La integración neoliberal en la América Latina y el Caribe ha tenido su expresión en los intentos frustrados de conformar un Área de Libre Comercio de las Américas, y en los Tratados (denominados) de Libre Comercio entre los EUA y algunos países de la región. No voy a detenerme en consideraciones sobre las consecuencias de la (des) integración de corte neoliberal que ha sido ampliamente analizada, criticada, resistida por amplios sectores populares y que se encuentra en retroceso hoy día en la región.

No hay compatibilidad o convergencia posible entre estos acuerdos de libre comercio con los EUA y los intentos

---

[194]   Rodríguez, C. R. (1983), *Letra con Filo*, La Habana, Ciencias Sociales.
[195]   Rojas Aravena, Francisco (2006), *Multilateralismo e Integración en América Latina y el Caribe*, Santiago de Chile, Secretaría General FLACSO.

de integración regional de tipo estructuralista de la CEPAL; suponer otra hipótesis sería retornar a los errores del pasado, y mucho menos podría pensarse en que pudiera converger o compatibilizarse con un proceso de integración regional como el ALBA. Es en este tema de la agenda donde puede encontrarse con más fuerza la fractura en la región, y no en el surgimiento y desarrollo de un proceso de integración regional de nuevo tipo.

La situación actual es de crisis en el mundo, valorada por numerosos expertos como de larga duración, que abre un cambio de época;[196] ahora en Europa iniciando un ciclo de recorte de gastos (principalmente sociales) que apunta hacia un repunte de políticas que en América Latina y el Caribe se encuentran en retroceso, a partir del retorno a la búsqueda de políticas contracíclicas en momentos de bajo crecimiento, recesión o crisis, resistida esa crisis de mejor manera en el promedio de América Latina y el Caribe durante el 2008 y 2009, y del retorno de la CEPAL a enfatizar en la cooperación regional "como más importante que avanzar en la liberalización comercial". La evolución reciente de la economía de los EUA, con signos de repuntes de recuperación económica no consolidados, actualmente debate su rumbo futuro de políticas económicas (uno de los ejes del debate gira en torno al papel de los déficits fiscal y presupuestario, y el peso de la deuda pública).

---

[196] CEPAL (2010), *La hora de la igualdad, brechas por cerrar, caminos por abrir,* Brasilia. Disponible en línea: http://www.cepal.org (7 de junio de 2010).

2. El ALBA como proceso de integración regional

2.1. ¿Qué es el ALBA-TCP? ¿Cómo y por qué surge?

El ALBA aparece como Alternativa Bolivariana para las Américas a partir de la propuesta formulada por el presidente venezolano Hugo Rafael Chávez Frías en la III Cumbre de la Asociación de Estados del Caribe, efectuada en diciembre de 2001. Posteriormente, pasa a ser Alternativa Bolivariana para los pueblos de Nuestra América- Tratado de Comercio de los Pueblos, y actualmente Alianza para los Pueblos de Nuestra América-Tratado de Comercio de los Pueblos. Es el año en que los EUA impulsan las negociaciones de libre comercio en todo el mundo y en particular en el Área de Libre Comercio de las Américas (ALCA), bajo el empuje de la política de guerra, con el pretexto de luchar contra el terrorismo, iniciada a partir del desatinado ataque a las torres gemelas.[197]

Es una propuesta alternativa al ALCA, sustentada en la experiencia de la cooperación bilateral Cuba-Venezuela iniciada en el 2000, y en las propuestas que desde 1997 se debaten en los Congresos Bolivarianos de los Pueblos.[198]

En el 2003 son presentados los principios del ALBA en la Asociación Latinoamericana de Integración:

- Promover la lucha contra la pobreza.
- Preservar la autonomía e identidad latinoamericana.
- La transferencia de tecnología, la asistencia técnica.
- La formación de recursos humanos.

---

[197]   Walsh, Campion (2001), "USTR Zoellick: free trade more important than ever", disponible en línea: http://www.wsj.com (24 de septiembre del 2001). Espinosa, Eugenio, *Economía y sociología internacionales después del 11 de septiembre del 2001: actores y prospección de escenarios de futuros,* disponible en línea: http://www.redem.buap.mx

[198]   ALBA (2006), *Construyendo el ALBA desde los Pueblos,* Ediciones Emancipación. Disponible en línea: http://www.alternativabolivariana.org.

- Priorizar las empresas nacionales como proveedoras de los entes públicos.
- Los acuerdos no podrán ser obstáculos a la difusión del progreso científico y tecnológico.
- Enfrentar el abuso de los monopolios y oligopolios a través de eficaces mecanismos que aseguren una sana competencia.
- Los inversionistas extranjeros no podrán demandar a los Estados por el manejo de monopolios estatales de interés público.
- Trato especial y diferenciado a economías desiguales para abrir oportunidades a los más débiles.
- Proceso de amplia participación social, que pueda caracterizarse como democrático.
- Los derechos económicos, sociales, culturales y civiles serán interdependientes, indivisibles e irrenunciables.
- Los intereses comerciales o de los inversionistas no podrán tener supremacía por encima de los derechos humanos y la soberanía de los Estados.
- Supeditar el ALCA a los acuerdos sobre protección de derechos humanos, ambiente y género existentes.
- Creación de Fondos de Convergencia Estructural para la corrección de asimetrías.[199]

Sus proyecciones trascienden completamente al ALCA, al sustentarse en profundas raíces históricas y proyectarse hacia el futuro en la construcción de la unidad de naciones y pueblos de la América Latina y el Caribe, rescatando el pensamiento de independencia e integración regional de los próceres de la independencia latinoamericana y caribeña.

Surge el ALBA el 14 de diciembre de 2004 con la firma de la Declaración Conjunta Cuba-Venezuela y el Acuerdo

---

[199] Chávez, Hugo (2003), *De la Integración Neoliberal a la Alternativa Bolivariana para América Latina. Principios rectores del ALBA*. ALADI, Montevideo, 16 de agosto de 2003.

para la Aplicación de la Alternativa Bolivariana para las Américas. El 29 de abril de 2009 deviene ALBA-TCP, con la incorporación de Bolivia.

El formato escogido es la firma de acuerdos presidenciales y la elaboración de detallados planes estratégicos en los que se precisan las acciones concretas a desarrollar por cada país. En ello radica su fuerza, flexibilidad y capacidad de ejecución, pero a la vez, el reto de la necesidad de transformar la política intergubernamental en política de Estado cuando sea ratificada por los respectivos parlamentos de los países miembros.

Manteniendo las siglas de ALBA, su denominación ha evolucionado de Alternativa Bolivariana para las Américas en 2004-2006, a Alternativa Bolivariana para los Pueblos de Nuestra América-Tratado de Comercio de los Pueblos entre 2006-2008, a Alianza Bolivariana para los Pueblos de Nuestra América-Tratado de Comercio de los Pueblos a partir de 2009.

El ALBA-TCP es un proceso de integración regional que se basa en los principios de cooperación, solidaridad, complementariedad, respeto a la soberanía y beneficio mutuo, pero a la vez constituye un modelo de integración regional que incorpora las dimensiones comercial, tecnológica, económica, cultural, política y social con una proyección latinoamericana y caribeña.

Los factores determinantes en su surgimiento lo constituyen las transformaciones ocurridas en la América Latina y Caribe que expresan la crisis del neoliberalismo y su expresión hemisférica con el fracaso del ALCA. Son esas transformaciones las que tornan posible el surgimiento del ALBA-TCP, que en Venezuela se manifiestan en la revolución bolivariana, en Bolivia con la revolución comunitaria, en Ecuador con la revolución ciudadana, en Nicaragua con el triunfo electoral sandinista, en el Caribe con el acceso al gobierno de organizaciones y partidos progresistas y de izquierda, y en Cuba con su revolución socialista.

El nuevo mapa político en América Latina y el Caribe[200] se completa con gobiernos progresistas o de izquierda, a partir de victorias electorales de partidos y organizaciones populares y de izquierda social en Brasil, Argentina, Uruguay y Paraguay. El otro factor es el alza del precio de los hidrocarburos que permite el financiamiento de los proyectos y acciones de cooperación.

El escenario en el que transcurre el surgimiento del ALBA es la crisis del neoliberalismo y la búsqueda de alternativas que ello conlleva.[201] Sin embargo, el ALBA-TCP se proyecta más allá de una alternativa al ALCA y al neoliberalismo. Son cuatro los rasgos principales que caracterizan la proyección del ALBA-TCP:

1. Recupera el pensamiento y proyectos liberadores, independentistas e integracionistas de los próceres de la independencia como Bolívar, Martí, Sucre y Tupac Katari, entre otros.

2. Se propone eliminar la pobreza y la desigualdad social resultado de la polarización de la riqueza, preservar la naturaleza y propiciar el desarrollo sostenible de las economías de los pueblos participantes en el proceso.

3. Implementa un nuevo tipo de proceso de integración regional, por sus principios, propósitos y objetivos, y por los medios y procedimientos que establece para lograrlos.

4. Incorpora medios y procedimientos aplicados a partir de otras experiencias integracionistas tanto en la

[200]   Rojas Aravena, Francisco (2006), "El Nuevo Mapa Político Latinoamericano", en *Nueva Sociedad*, núm. 205, septiembre-octubre de 2006. Disponible en línea: http://www.nuso.org

[201]   Espinosa, Eugenio (2009), "El ALBA: un camino hacia el desarrollo", en *Revista digital de FLACSO Cuba*. Disponible en línea: http://www.flacso.uh.cu

América Latina y el Caribe como en Europa, y que le resultan adecuados.

La comparación con el ALCA y el contraste con las teorías tradicionales de integración regional permitirán profundizar en la comprensión del ALBA-TCP.

2.2. ALBA-TCP en contraste con el ALCA y los TLC

La comparación ALBA-ALCA ha sido realizada por varios expertos[202] y analistas, además de encontrarse en documentos de organizaciones populares.[203] Darío Gasparri, por encargo del Parlamento venezolano, elaboró una buena comparación ALBA-ALCA a la que se le han incorporado un conjunto de variables y parámetros de importancia que la completan en algunos aspectos.

---

[202]   Gasparri, Darío (2006), Secretario Ejecutivo de la Comisión Venezuela y el ALCA. *Asamblea Nacional*. Comisión Especial para el Estudio de las Propuestas del ALCA, G3, TLCAN, CARICOM. Caracas. FLACSO Secretaría General (2007), *Cuadernos Integración. Dossier ALBA*. FLACSO Secretaria General, San José. Disponible en línea: www.flacso.org

[203]   Bossi, Fernando (2005), Exposición de Fernando Ramón Bossi, Secretario de Organización del Congreso Bolivariano de los Pueblos, en el Foro que se realizó en la III Cumbre de los Pueblos. Mar del Plata, Argentina. 3 de noviembre de 2005. Disponible en línea: http://www.alternativabolivariana.org. ALBA (2006), *op. cit.*

Comparación ALBA-ALCA

	ALCA	ALCA	ALBA	ALBA
Concepción y fundamentos	Ventajas competitivas, reciprocidad	Competencia, empresa privada	Ventajas compartidas, asimetrías compensadas.	Solidaridad, empresa pública.
Propósitos, objetivos, medios	Crecimiento económico, liberación comercial de bienes, servicios e inversión extranjera	Prosperidad con el Libre Comercio. Ausencia de fondos de compensación.	Eliminar pobreza, exclusión social. Complementación productiva,	Preservar autonomía, identidad, cooperación compensada, beneficio mutuo.
Políticas de comercio exterior, acceso a mercado mundial	Eliminación de arancel y de medidas no arancelarias y otros mecanismos de protección del aparato productivo por parte de los países latinoamericanos.	Eliminación de controles y regulaciones a la entrada de capitales extranjeros. Eliminación del control de cambios.	Uso del arancel, cuotas, licencias y otras medidas no arancelarias como instrumentos de política para promoción y protección de la agricultura y la industria nacionales.	Control de cambios. Regulaciones de desempeño, y de controles a la actividad de las empresas extranjeras.
Agricultura	Se exige a los países pobres eliminación de subsidios, aranceles, licencias y cuotas en plazos perentorios.	Las principales potencias se niegan a eliminar subsidios y ayudas internas hasta tanto se llegue a un acuerdo en la OMC.	La agricultura es una actividad fundamental para la supervivencia de la propia nación. Se aseguran un trato especial y diferenciado para los países más vulnerables.	Se prioriza la soberanía y la seguridad alimentaria. Se permite la exclusión de productos sensibles.

	ALCA	ALCA	ALBA	ALBA
Propiedad intelectual	Acuerdos que impiden avanzar en la investigación, patentar conocimientos tradicionales y la transferencia de tecnología y acceso a medicamentos y educación.		Acuerdos en propiedad intelectual no podrán ser obstáculos al derecho que tienen las personas a gozar del progreso científico.	Los acuerdos no deberán obstaculizar el avance tecnológico, el acceso a los medicamentos, a los alimentos o a la educación.
Compras gubernamentales	Abrir el mercado público a las empresas extranjeras.	Anula el uso de las compras gubernamentales como palanca para la reactivación del aparato productivo y el empleo nacional.	Prioriza las empresas nacionales como proveedoras de los entes públicos, toda vez que son éstas las que demandan materias primas nacionales y generan empleo local.	Se busca la preservación de los sectores estratégicos por su impacto multiplicador sobre otros sectores económicos y laborales.
Políticas de competencia	Eliminación de prácticas anticompetitivas modificando las legislaciones nacionales y prohibiendo exclusiones o excepciones.	Aunque se les atribuye un impacto efectivo en función de limitar el abuso del poder de los monopolios y oligopolios, el verdadero objetivo son las empresas y monopolios estatales que son vistos como un obstáculo al libre mercado.	Enfrenta el abuso de los monopolios y oligopolios a través de mecanismos con capacidad para revisar y asegurar la implementación y cumplimiento de estos acuerdos.	Los inversionistas extranjeros no podrán demandar a los Estados nacionales, ni a los gobiernos por el manejo de monopolios o empresas estatales de interés público.

	ALCA	ALCA	ALBA	ALBA
Servicios	Liberalización total en el hemisferio del comercio de servicios	Elimina las leyes nacionales y políticas gubernamentales que influyan sobre los mecanismos del mercado como el principal regulador.	Los países podrán liberalizar sus servicios de acuerdo a sus prioridades de desarrollo nacional.	Mantiene como servicios públicos, ajenos a los acuerdos comerciales, los que sean indispensables para la población y que así determinen la Constitución y sus Leyes.
Inversiones extranjeras	El ALCA propone otorgar derechos especiales al capital para que puedan demandar al Estado por la aplicación de requisitos de desempeño, laborales, sociales, ambientales y de cualquier índole que regulen la inversión.	Eliminación de controles para la inversión extranjera.	Defender los requisitos de desempeño.	La eliminación de controles previos y posteriores a la inversión queden condicionados a la adquisición de materias primas bienes y servicios nacionales; a la transferencia tecnológica, la asistencia técnica y la formación de recursos humanos.

Esta comparación, cuya elaboración fue encargada por el Parlamento venezolano para estudiar los procesos de integración en el hemisferio, resulta adecuada para los aspectos económicos del ALCA y del ALBA. A continuación se añaden las referencias a los aspectos sociales, institucionales y organizativos.

En cuanto a los Programas y Políticas Sociales, el ALCA establece que el mercado y la iniciativa privada son los encargados de realizarlos, por lo que se caracteriza por la ausencia de propuestas de políticas sociales a partir de las instituciones estatales y ausencia de indicaciones al respecto.

El ALBA diseña e implementa programas sociales en educación, salud, empleo, alimentación y distribución de canasta básica. Programas sociales financiados por el Estado, dirigidos a beneficiar a las amplias mayorías populares y a los sectores vulnerables y a partir de la participación popular, dando así respuesta a la inmensa deuda social acumulada no solamente durante el largo interregno neoliberal sino también por siglos de explotación colonial y neocolonial.

En el ámbito de la institucionalidad, el ALCA funciona con equipos negociadores de expertos a partir de funcionarios gubernamentales de alto nivel. Caracterizándose por la compartimentación de los acuerdos y medidas adoptadas, con cláusulas no públicas.

En contraste, el ALBA trabaja a partir de la inclusión de las organizaciones sociales populares como gestores e implementadores en el proceso de toma de decisiones, con grupos de expertos intergubernamentales de alto nivel y la publicación de los acuerdos y medidas, antes, durante y después de ser adoptadas en un proceso de democracia participativa profunda.

Los resultados han sido expresivos. En el caso del ALCA, el fracaso de las negociaciones por la oposición de numerosos movimientos y organizaciones sociales en todo el hemisferio y de un significativo número de países y gobiernos latinoamericanos, lo que ha conducido a la imposibilidad de implementación de los acuerdos multilaterales, quedando sólo la posibilidad de acuerdos bilaterales con un determinado número de países.

En el caso del ALBA, sus resultados han sido significativos, entre ellos, el aumento del número de miembros, la erradicación del analfabetismo en Venezuela y Bolivia, creación de comercio, empresas mixtas e inversiones conjuntas, trato especial y diferenciado como el que otorga Petro Caribe, creación del Banco ALBA, aumento de los índices de salud, educación y empleo, avance tecnológico que se expresa en TeleSur, el Satélite Bolívar, y en la esfera de la Biotecnología, diseño de mecanismos de compensación comercial multilateral con moneda propia en el caso del SUCRE, consolidación institucional con dos cumbres anuales presidenciales y cumbres de los movimientos sociales incorporados. Puede afirmarse que el ALBA exhibe resultados en el aumento de los intercambios económicos, políticos, culturales y tecnológicos entre sus países miembros y en el aumento del bienestar de sus respectivas poblaciones.[204]

---

[204]   Al respecto, véase http://www.alternativabolivariana.org. Espinosa, Eugenio (2009), *op. cit.* FLACSO Secretaría General, *op. cit.* Martínez, Osvaldo (2008), "La integración en América Latina", en Altmann, Josette y Rojas Aravena, Francisco (edit.), *America Latina y el Caribe: ¿fragmentación o convergencia?*, FLACSO Ecuador, Quito.

Bibliografía General

"¿Qué es la Alternativa Bolivariana de las América?" (2005), en Correa, Rafael (compilador), *Construyendo el ALBA. Nuestro Norte es el Sur,* Caracas, Parlamento Latinoamericano.

"Banco del ALBA contará con 85 de capital venezolano", en *Agencia Bolivariana de Noticias,* 9 diciembre de 2008.

"Beneficios de ALBA no llegan a los nicaragüenses, en *La Prensa.,* San Pedro Sula, Honduras, 25 de septiembre de 2008. Disponible en línea: www.laprensa.hn

"Congreso Nacional ratifica el ALBA bajo restricciones", en *El Heraldo,* Tegucigalpa, 10/9/2008. Disponible en línea: www.elheraldo.hn

"El Salvador no le ve provecho al ALBA", en *El Heraldo,* Tegucigalpa, 6 de octubre de 2008. Disponible en línea: www.elheraldo.hn

"Es posible una nueva Nicaragua con nuevas oportunidades para la gente pobre" (2010), Entrevista con el Ministro de Fomento, Industria y Comercio de Nicaragua, Orlando Solórzano, 25 de febrero de 2010. Disponible en línea: http://www.radiolaprimerisima. com/noticias/general/71381

"Funes confirma que no se sumará al Alba" (2009), en *La Prensa,* Nicaragua, 10 de diciembre de 2009. Disponible en línea: www.laprensa.ni

"Los cuidados con Petrocaribe", en *La Nación,* San José de Costa Rica, 20 de agosto de 2008.

"Nicaragua le sigue apostando al CAFTA", en *La Prensa*, San Pedro Sula, Honduras, 23 de septiembre 2008. Disponible en línea: www.laprensa.hn

AA.VV. (2009), *Declaración de Quito sobre el financiamiento para el buen vivir y la vigencia de los derechos de la naturaleza*, 17 de agosto de 2009.

Acuerdo de Cooperación Energética de Caracas (2000), octubre de 2000.

ALBA (2006), *Construyendo el ALBA desde los Pueblos*, Caracas, Editorial Emancipación. Disponible en línea: http://www.alternativabolivariana.org

ALBA (2008a), *Acta fundacional del Banco del ALBA*, Caracas, República Bolivariana de Venezuela, a los veintiséis (26) días del mes de enero de 2008.

ALBA (2008b), *Conceptualización de proyecto y empresa Grannacional en el marco del ALBA*, Documentos de la VI Cumbre del ALBA, Caracas, enero de 2008.

ALBA-Educación: mecanismo que erradicará analfabetismo de países del bloque (2010). Disponible en línea: http://www.alianzabolivariana.org/modules.php?name=News&file=article&sid=6241.

Altmann Borbón, Josette (2008), "ALBA: ¿Un proyecto alternativo para América Latina?", en *ARI*, Real Instituto Elcano. 17/2008. Madrid, 8/2/2008. Disponible en línea: www.realinstitutoelcano.org

Altmann, Josette (s/f), "New Forms of Integration: ALBA Institution and Mechanisms", en *Inter-American Cooperation at Crossroads*, Canadá, Palgrave Macmillan, Macmillan Publishers Limited (en prensa).

Altmann, Josette y Rojas Aravena, Francisco (Editores) (2008), *Las paradojas de la integración en América Latina y el Caribe*, Madrid, Fundación Carolina y Editorial Siglo XXI.

Andic, S. y Dosser, D. (1977), "Una contribución a la teoría de la integración económica", en *Integración Económica*,

Lecturas del Trimestre Económico, núm. 19, México, FCE.

Aponte García, Maribel (2009), "La economía solidaria y el socialismo del siglo XXI en la alternativa bolivariana: una aproximación inicial", en *Otra Economía*, vol. III, núm. 5, segundo semestre, pp. 85-102.

Aron, Raymond (2002), *Paix et guerre entre les nations*, París, Calmann-Lévy.

Balassa, Bela (1964), *Teoría de la Integración Económica*, México, Biblioteca Uteha de Economía.

Bancoex (2009), *Banco para la Exportación de Venezuela*.

Baptista, Asdrúbal (1997), *Teoría Económica del Capitalismo Rentístico*, Caracas, Ediciones IESA.

Baptista, Asdrúbal (2007), "Venezuela y América del Sur: el petróleo como vínculo económico y político", en García Molina, Mario *et al.*, *Retos y perspectivas de la integración energética en América Latina*, Caracas, ILDIS.

Baptista, Asdrúbal (2008), *Itinerario por la economía política*, Caracas, IESA.

BEA (2009), *Department of Commerce of USA. Bureau of Economic Analysis*, agosto de 2008 y febrero de 2009.

BID / INTAL (1972), *La integración latinoamericana en una etapa de decisiones, intervención de Raúl Prebisch en el simposio sobre el Uruguay y la ALALC*.

Bossi, Fernando Ramón (2005), *Construyendo el ALBA de los pueblos*, Exposición realizada en el Foro que se realizó en la III Cumbre de los Pueblos, Mar del Plata, 3 de noviembre. Disponible en línea: http://www.voltairenet.org/article131001.html

Bossi, Fernando Ramón (2010), *El ALBA es el camino*. Disponible en línea: http://www.aporrea.org/tecno/a97610.html

Briceño Ruiz, José (2009), "El ALBA y el MERCOSUR en la agenda de integración de Venezuela: ¿son compatibles?", en Briceño Ruiz, José y Mendoza, Carolina (editores), *Cambio y permanencia en la agenda de integración de América del Sur,* Barquisimeto, Venezuela, Universidad Centroccidental Lisandro Alvarado.

Briceño Ruiz, José (2010), "Los cambios en la política exterior de Venezuela y "el giro hacia el sur" de Chávez", en Bizzozero, Lincoln (editor), *Estados y regiones en el sistema internacional del siglo XXI,* Montevideo, Ed. Banda Oriental (en prensa).

Burch, Sally (2009), "La independencia", entrevista con Enrique Ayala Mora, *ALAI América Latina en Movimiento,* 29 de enero. Disponible en línea: http:// alainet.org/active/38172&lang=es

Burges, Sean W. (2007), "Building a global southern coalition: the competing approaches of Brazil's Lula and Venezuela's Chávez", en *Third World Quaterly,* vol. 28, núm. 7, octubre de 2007, pp. 1343-1358.

CAN (2008), *Estadísticas de Remesas en los Países de la Comunidad Andina.*

Carrión Fonseca, Gloria María (2008), "Nicaragua. El CAFTA-DR, el ALBA y la Trinidad del Desarrollo Sostenible", en *Revista Envío,* núm. 321, diciembre de 2008, Universidad Centroamericana. Disponible en línea: http://www.envio.org.ni/articulo/3903

CEPAL (2009a), *Panorama de la inserción internacional de América Latina y el Caribe. Crisis y espacios de cooperación regional,* Santiago, Chile.

CEPAL (2009b), *Estudio Económico de América Latina y el Caribe,* Santiago de Chile.

CEPAL (2009c), *Balance preliminar de las Economías de América Latina y el Caribe,* Santiago de Chile.

CEPAL (2010), *La hora de la igualdad, brechas por cerrar, caminos por abrir,* Brasilia. Disponible en línea: http://www.cepal.org (7 de junio de 2010).

Chávez, Hugo (2001), *Concepción del ALBA. Discurso en la III Cumbre de Jefes de Estado y de Gobierno de la*

Asociación de Estados del Caribe, Isla de Margarita, 11 y 12 de diciembre de 2001, República Bolivariana de Venezuela, Ministerio de Relaciones Exteriores, Libro Amarillo, Documentos.

Chávez, Hugo (2003a), *De la Integración Neoliberal a la Alternativa Bolivariana para América Latina. Principios rectores del ALBA,* ALADI, Montevideo, 16 de agosto de 2003.

Chávez, Hugo (2003b), *Venezuela frente al ALCA: Alternativa Bolivariana para América Latina y el Caribe. Principios Rectores del ALBA. De la Integración neoliberal a la Alternativa Bolivariana para América Latina,* Caracas, Presidencia de la República Bolivariana de Venezuela.

Chávez, Hugo (2008), *Con el ALBA despiertan los pueblos. Palabras del Presidente Hugo Chávez Frías en la Instalación de la VI Cumbre Presidencial de la Alternativa Bolivariana para los pueblos de nuestra América (ALBA),* Caracas, 26 de enero de 2008.

Convenio Integral de Cooperación entre la República de Cuba y Republica Bolivariana de Venezuela (2000), Caracas, 30 de octubre 2000.

Cumbre ALBA (2008), *Declaración de la III Cumbre Extraordinaria de Jefes de Estado y de Gobierno de la Alternativa Bolivariana para los Pueblos de Nuestra América-Tratado De Comercio De Los Pueblos* (ALBA-TCP), Caracas, 26 de noviembre de 2008.

Cumbre de América Latina y el Caribe sobre Integración y Desarrollo (2008), *Declaración de Salvador de Bahía,* Costa de Sauípe, Bahía, 16 y 17 de diciembre de 2008.

Cumbre de las Américas (2001), *Declaración de Quebec,* II Cumbre de las Américas, abril de 2001. Disponible en línea: www.summit-americas.org (consulta: 20 de abril de 2008).

Cumbre de las Américas (2004), *Declaración de Nuevo León,* Cumbre Extraordinaria de las Américas, enero de 2004. Disponible en línea: www.summit-americas. org (consulta: 20 de abril de 2008).

Cumbre del ALBA (2007), *Declaración de la V Cumbre Política del ALBA*, Tintorero, Estado de Lara, Venezuela, 29 de abril de 2007.

D'Elia, Yolanda y Cabezas, Luis Francisco (2008), *Las misiones sociales en Venezuela*, Caracas, Instituto Latinoamericano de Investigaciones Sociales (ILDIS), mayo de 2008.

Destatistic (2009), *Oficina Federal de Estadísticas de Alemania*, agosto de 2009.

Dinero (2009), *Tabloide del Periódico Excélsior*, 12 de agosto, 2009.

Espinosa, Eugenio (1982), "Integración en el CARICOM", en *Cuadernos de Pensamiento Propio*, INIES / CRIES, Managua.

Espinosa, Eugenio (2004), "La cooperación internacional en las relaciones internacionales de Cuba", en *Diálogos sobre a Patria Grande, Contribucoes dos ocupantes* (2003/2004), de la Cátedra Vilmar Faria de Estudos Latinoamericanos, Brasilia, Flacso Brasil / Abare.

Espinosa, Eugenio (2009), "El ALBA: un camino hacia el desarrollo", en *Revista digital de FLACSO Cuba*. Disponible en línea: http://www.flacso.uh.cu.

Espinosa, Eugenio (s/f), *Economía y sociología internacionales después del 11 de septiembre del 2001: actores y prospección de escenarios de futuros*. Disponible en línea: http://www.redem.buap.mx

Espinoza Martínez, Eugenio E. (s/f), *El ALBA: un camino hacia el desarrollo. La Alternativa Bolivariana para América*. Disponible en línea: http://www.flacso. uh.cu/sitio_revista/num1/articulos/art_EEspin2.pdf (consulta: 7 de julio de 2010).

Eurostat. (2009), *Estadísticas de la Unión Europea*, Bruselas, septiembre de 2009.

Firma de Acuerdos en el marco del ALBA entre Bolivia, Cuba y Venezuela (2006), *Rueda de prensa. Palacio de Convenciones*, La Habana, Cuba, sábado 29 de abril de 2006.

FLACSO Secretaría General (2007), *Cuadernos Integración. Dossier ALBA*, FLACSO Secretaría General, San José. Disponible en línea: www.flacso.org

FMI. (2008), *World Economic Outlook*, Washington DC, octubre de 2008.

Fritz, Thomas (2007), *ALBA contra ALCA. La Alterativa Bolivariana para las Américas: una nueva vía para la integración regional en Latinoamérica*, Berlín, Centro de Documentación Chile Latinoamérica.

Galtung, Johan (1969), "Una Teoría Estructural de la Integración", en *Revista de Integración*, núm. 5, INTAL, BID.

Gasparri, Darío (2006), Secretario Ejecutivo de la Comisión Venezuela y el ALCA, *Asamblea Nacional*, Comisión Especial para el Estudio de las Propuestas del ALCA, G3, TLCAN, CARICOM, Caracas.

Girvan, Norman (2008), *Alba, Petrocaribe and Caricom: issues in a new dynamic.* Disponible en línea: http://www.normangirvan.info/girvan-alba-caricom-may0

Gobiernos de Bolivia, Cuba y Venezuela (2004), *Comunicado Conjunto*, firmado entre los presidentes Hugo Chávez Frías, Evo Morales Ayma y Fidel Castro Ruiz, La Habana, Cuba, 14 de diciembre de 2004.

Gómez, Oliver (2008), "FMI: Nicaragua el más beneficiado por ALBA", en *El Nuevo Diario*, Managua, 26 octubre de 2008. Disponible en línea: www.elnuevodiario.com.ni

Haas, Ernest B. (1968), *The Uniting of Europe*, Stanford, Stanford University Press (2a. ed), p. 16.

Halliday, Fred (2002), *Las relaciones internacionales en un mundo en transformación*, Madrid, Libros de la Catarata.

Hart-Landsberg, Martin (2009), "Learning from ALBA and the Bank of the South. Challenges and Possibilities", en *Monthly Review*, septiembre de 2009. Disponible en línea: http://www.monthlyreview.org/090901hart-landsberg.php

Hernández Gustavo (2008), *Banco del ALBA y el financiamiento al desarrollo*, texto presentado en el "Diálogo Regional sobre Financiamiento al Desarrollo y Deuda Externa en vísperas de la Reunión de Alto Nivel de la ONU encargada de examinar la aplicación del Consenso de Monterrey. Doha 2008, SELA, SP/DRFDDE-RANONUCM/Di No.10-08, 20 de junio de 2008.

Hoffmann, S. (1964), "Europe's identity crisis: between the past and America", en *Daedalus*, vol. 93, pp. 1271-1296.

Hoffmann, S. (1966), "Obstinate or obsolete? The fate of the nation-state and the case of Western Europe", en *Daedalus*, vol. 95, 3, pp. 862-915.

Hoffmann, S. (1982), "Reflections on the Nation-State in Western Europe Today", en *Journal of Common Market Studies*, vol. XXI, 2/2, pp. 21-38.

INEGI (2009), *Instituto Nacional de Estadísticas de México*.

Instituto de Altos Estudios Diplomáticos Pedro Gual (2007), *Fundamentos filosóficos de la integración del Sur*, Caracas, Instituto Pedro Gual.

Jefes de Estado y de Gobierno del ALBA-TCP (2005), *Acuerdo de cooperación energética Petrocaribe*, Primer Encuentro Energético de Jefes de Estado y/o de Gobierno del Caribe sobre Petrocaribe, Pto. La Cruz, Venezuela, 29 de junio de 2005.

Jefes de Estado y de Gobierno del ALBA-TCP (2008a), *Declaración de la III Cumbre Extraordinaria de Jefes de Estado y de Gobierno de la Alternativa Bolivariana para los Pueblos de Nuestra América-Tratado de Comercio de Los Pueblos*, Caracas, Venezuela, 26 de noviembre de 2008.

Jefes de Estado y de Gobierno del ALBA-TCP (2008b), *Declaración de la V Cumbre Extraordinaria de Petrocaribe*, 13 de julio de 2008.

Jefes de Estado y de Gobierno del ALBA-TCP (2009a), *Declaración Política*, VIII Cumbre de Jefes de Estado del ALBA, 13 y 14 de diciembre de 2009. Disponible en línea: www.aternativabolivariana.org

Jefes de Estado y de Gobierno del ALBA-TCP (2009b), *Principios Fundamentales del Tratado de Comercio de los Pueblos*, VII Cumbre del ALBA-TCP, Cochabamba, Bolivia, 17 de octubre de 2009.

Jefes de Estado y de Gobierno del ALBA-TCP (2009c), *Declaración de la VI Cumbre extraordinaria del ALBA-TCP*, Maracay, Estado de Aragua, Venezuela, 24 de junio.

Jefes de Estado y de Gobierno del ALBA-TCP (2009d), *Declaración de la IV Cumbre Extraordinaria del ALBA-TCP*, Caracas, 2 de febrero de 2009.

Jefes de Estado y de Gobierno del ALBA-TCP (2009e), *Acuerdo Marco del Sistema Único de Compensación Regional de Pagos (Sucre)*, Cumana, Venezuela, 16 de abril de 2009.

Katz, Claudio (2006), *El rediseño de América Latina. ALCA, Mercosur y ALBA*, Buenos Aires, Ediciones Luxemburg.

Kindlerberger, Charles P. (1973), *The World in Depression, 1929-1930*, Berkeley, Univeristy of California Press.

La Jornada (2009), *Periódico La Jornada*, México.

Lainez, Luis (2008), "Zelaya pactó con Chávez por falta de dinero", en *La Prensa Gráfica*, El Salvador, 28 septiembre de 2008. Disponible en línea: www.laprensagrafica.com

Lander, Edgardo (2007), "La Alternativa Bolivariana para las Américas-ALBA", en Instituto Venezolano de Estudios Sociales y Políticos-INVESP, *Nuevos retos de la integración en América Latina y el Caribe: ¿profundización o fragmentación del regionalismo?*, Caracas, INVESP, Woodrow Wilson Center, ILDIS, pp. 19-22.

Landsberg, Chris (2004), "South Africa: A Pivotal State in Africa", en *Synopsis: Policy Studies Bulletin* 7, núm. 1, pp. 1-3.

López Maya, Margarita (2008), "Venezuela, Hugo Chávez y el bolivarianismo", en *Revista Venezolana de Economía y Ciencias Sociales*, vol. 14, núm. 3, septiembre-diciembre de 2008, pp. 55-82.

López Maya, Margarita y Lander, Luis E. (2009), "El socialismo rentista de Venezuela ante la caída de los precios petroleros Internacionales", en *Cuadernos del CENDES*, vol. 26, núm. 71, mayo-agosto de 2009, pp. 67-87.

Martínez, Osvaldo (2006), "ALBA y ALCA: el dilema de integración o la anexión", en *Cuadernos África-América Latina*, núm. 40-41, primer semestre, Madrid, pp. 66-87.

Martínez, Osvaldo (2008), "La integración en América Latina", en Altmann, Josette y Rojas Aravena, Francisco (editores), *América Latina y el Caribe: ¿fragmentación o convergencia?*, FLACSO, Ecuador, Quito.

Mattli, Walter (1999), *The Logic of Regional Integration, Europe and Beyond*, Cambridge, Cambridge University Press.

Milward, Alan (1992), *The European Rescue of the Nation-State*, Londres, Routledge.

MINCEX (2008), *Ministerio de Comercio Exterior e Inversión Extranjera de Cuba*.

Ministerio de Estado para la Integración y Comercio y el Banco de Comercio Exterior de Venezuela (s/f), *El ALBA en el Caribe*. Disponible en línea: http://www.alternativabolivariana.org/modules. php?name=Downloads&d_op=viewdownload&cid=1 (consulta: 15 de abril de 2008).

Ministerio de Planificación y Desarrollo (2001), *Programa de Gobierno de Hugo Chávez, Equilibrio Internacional.* Disponible en línea: http: www.mpd.gov.ve/prog-gob/ prog?gob2/e?internacionak.htm (consulta: 17 de mayo de 2005).

MINTUR (2009), *Ministerio del Turismo de Cuba.*

Mitrany, D. (1970), "The functional approach to World organization", en Cosgrove, C. A. y Twitchet, K. (eds.), *The new international actors: the UN and the EEC.* Londres, Macmillan.

Montero Soler, Alberto (2007), "ALBA: avances y tensiones en el proceso de integración popular bolivariano", en *Revista Ágora*, vol. III, núm. 15, pp. 85-106.

Moravcsik, Andrew (1993), "Preferences and Power in the European Community: A Liberal Intergovernmentalist Approach", en *Journal of Common Market Studies,* vol. 31, 4, pp. 473-524. Disponible en línea: http://www. politicalreviewnet.com y http://www.wiley.com

NABE. (2009), *National Association for Business Economics,* junio de 2009.

Observatorio Latinoamericano (2009), *Observatorio Economía Latinoamericana. Ecuador; migraciones y remesas*, primer semestre de 2009.

Odonne, Carlos Nahuel y Leonardo Granato (2007), "Los nuevos proyectos de integración regional vigentes en América Latina: la Alternativa Bolivariana para Nuestra América y la Comunidad Sudamericana de Naciones", en *Oikos Revista de Economía Heterodoxa*, núm. 7, año 6, Río de Janeiro, pp. 29-50.

Olson, Mancur (1971), *The Logic of Collective Action, Public Goods and the Theory of Groups*, Cambridge, Harvard University Press.

OTC (2009), *Organización de Turismo del Caribe.*

PDV Caribe (2008), *Informe de gestión,* primer semestre de 2008.

Peace, Maurice Bye (1950), *Unions Douanières et Donné Nationales*, Economie Appliquée, enero-marzo, núm. 1, Geneve.

Pedersen, Thomas (2002), "Cooperative Hegemony. Power, Ideas and Institutions in Regional Integration", en *Review of International Studies*, núm. 28, pp. 677-696.

Pollock, D., Kerner, D. y Love, J (2001), "Entrevista inédita a Prebisch: logros y deficiencias de la CEPAL", en *Revista de la CEPAL*, núm. 75, Santiago de Chile.

Precios Petróleo (2008), *Selected Crude Oil Stop Prices*.

Precios Petróleo (2009), *Selected Crude Oil Stop Prices*.

Presidentes Hugo Chávez y Fidel Castro (2004), *Declaración conjunta de Hugo Chávez y Fidel Castro durante la visita oficial del Presidente Hugo Chávez Frías a La Habana*, 14 de diciembre 2004, República Bolivariana de Venezuela, Ministerio de Relaciones Exteriores, Libro Amarillo, Documentos.

Puig, Juan Carlos (1980), *Doctrinas internacionales y autonomía latinoamericana*, Caracas, Instituto de Altos Estudios de América Latina en la Universidad Simón Bolívar.

Ramírez, Edgardo (2007), "Los aportes del pensamiento integracionista latinoamericano al desarrollo de América Latina", en *Revista Venezolana de Estudios Internacionales*, Universidad Central de Venezuela, primer semestre de 2006. Vadell Hermanos Editores CA, Venezuela.

Ravaneles Monsalve, José Gerson (2007), *Estructura morfológica del ALBA*. Disponible en línea: http://www.analitica.com/va/internacionales/opinion/2229141.asp (consulta: 20 de agosto de 2008).

Regueiro Bello, María Lourdes (2008), *Los TLC en la perspectiva de la acumulación estadounidense. Visiones desde el MERCOSUR y el ALBA*, Buenos Aires, CLACSO.

Rodríguez, C. R (1983), *Letra con Filo*, La Habana, Ciencias Sociales.

Rodríguez, Octavio (1980), *La teoría del subdesarrollo de la CEPAL*, Siglo XXI, México DF.

Rodríguez, Octavio (2001), "Prebisch: actualidad de sus ideas", en *Revista de la CEPAL*, núm. 75, Santiago de Chile.

Rojas Aravena, Francisco (2006), "El Nuevo Mapa Político Latinoamericano", en *Nueva Sociedad*, núm. 205, septiembre-octubre de 2006. Disponible en línea: http:// www.nuso.org

Rojas Aravena, Francisco (2006), *Multilateralismo e Integración en América Latina y el Caribe*, Secretaría General FLACSO.

Rojas Aravena, Francisco (2007), *La Integración Regional: Un Proyecto Político Estratégico. III Informe del Secretario General de FLACSO*, Secretaría General.

Rojas Aravena, Francisco (2009), "Diplomacia de Cumbres e Integración Regional", en Jarque, Carlos M.; Ortiz, María Salvadora y Quenan, Carlos (editores), *América Latina y la Diplomacia de Cumbres*, SEGIB.

Rojas Aravena, Francisco (2009), *Integración en América Latina: Acciones y Omisiones; Conflictos y Cooperación*, IV Informe del Secretario General, FLACSO- Secretaría General. Disponible en línea: www.flacso.org

Romero, Antonio (2010), *La Integración y Cooperación en América Latina y el Caribe y la Emergencia de Nuevos Espacios de Integración: El ALBA-TCP*, Ponencia presentada en el Seminario Internacional "Situación Actual de la Integración en América Latina y el Caribe", organizado por FLACSO con el apoyo de AECID, La Habana, Cuba, 19 de febrero de 2010.

Romero, Carlos (2007), "La integración como instrumento de la política exterior de Venezuela", Trabajo presentado en el Seminario Internacional *O quebra-cabeça da integração sul-americana. Desafios nacionais, regionais y globais,* realizado en el campus de la PUC-Rio / Brasil,15, 16 y 17 de agosto de 2007.

Romero, Carlos A y Claudia Curiel (2009), "Venezuela: política exterior y rentismo", en *Cuadernos PROLAM/ USP,* año 8, vol. 1, pp. 39-61.

Rucker, Laurent (2004), "La contestation de l'ordre international: les États révolutionnaires", en *Revue internationale et stratégique,* núm. 54, París, pp. 109-118.

Sader, Emir (2006), "El firme y lento despuntar del ALBA", en *Le Monde Diplomatique,* Buenos Aires, núm. 80, febrero, pp. 4-5.

Secretaría Ejecutiva de Petrocaribe (2009), *Comunicado de la Secretaria Ejecutiva de Petrocaribe,* 14 de agosto de 2009.

SELA (2007), *Arquitectura Institucional para la Articulación y la Convergencia de la Integración en América Latina y el Caribe,* SP / RR-IIALC / DT núm. 1-07, julio de 2007.

SELA (2008), *Declaración La crisis económica internacional y América Latina y el Caribe,* SP-CL / XXXIV.O / DF núm. 1-08, XXXIV Reunión Ordinaria del Consejo Latinoamericano, Caracas, Venezuela, 27 de noviembre de 2008.

SELA (2009b), *Experiencias de cooperación monetariofinancieras en América Latina y el Caribe. Balance crítico y propuestas de acción de alcance regional,* SP / Di núm. 05-09, septiembre de 2009.

SELA (2009c), *La acentuación de la crisis económica global: situación e impacto en América Latina y el Caribe,* SP / Di núm. 02-09, abril de 2009.

SELA. (2009a), *El Sistema Unitario de Compensación Regional (SUCRE): Propósitos, antecedentes y condiciones necesarias para su avance,* SP / Di núm. 1-09, enero de 2009.

Snidal, Duncan (1985), "Limits of hegemonic stability theory", en *International Organization,* vol. 39, núm. 4, pp. 579-615.

SUCRE (2009), *Marco Constitutivo del SUCRE,* Venezuela, abril de 2009.

SUCRE (2010), *Venezuela y Cuba concretaron primera operación comercial con el Sucre.* Disponible en línea: http://andes.info.ec (3 de febrero de 2010).

Sunkel, Osvaldo (1995), *El crecimiento desde dentro. Un enfoque neo-estructuralista para América Latina,* México, Fondo de Cultura Económica.

Sunkel, Osvaldo (2005), "Es endógeno o no es desarrollo", ponencia presentada en la IV Cumbre de la Deuda Social, en Caracas, edición de la *Revista de economía popular desde dentro,* año 1, núm.1, septiembre-octubre, pp. 26-29.

Taylor, Paul (1996), *The European Union in the 1990's,* Oxford, Oxford University Press.

Tinberger, Jan (1954), *International Economic Integration,* Elsvier, Amsterdam.

Tokatlian, Juan Gabriel y Carvajal H. Leonardo (1995), "Autonomía y política exterior: un debate abierto, un futuro incierto", en *Afers Internationals,* núm. 28, pp. 7-31.

Valencia, Judith (2005), *El ALBA un cauce para la integración de nuestra América,* ponencia presentada en el simposio "Diálogo Sudamericano: otra integración es posible", Quito, noviembre de 2005.

Viner, Jacob (1950), *The Customs Union Issue,* Nueva York, Carnegie Endowment for International.

Walsh, Campion (2001), "USTR Zoellick: free trade more important than ever". Disponible en línea: http://www.wsj.com (24 de septiembre del 2001).

ANEXOS

1. Cumbres del ALBA 2007-2010

AÑO	CUMBRE	LUGAR
2007	1. V Cumbre ALBA	Barquisimeto, Venezuela
2008	2. VI Cumbre ALBA	Caracas, Venezuela
	3. Cumbre Extraordinaria ALBA	Caracas, Venezuela
	4. III Cumbre Extraordinaria ALBA	Caracas, Venezuela
	5. IV Cumbre Extraordinaria ALBA	Caracas, Venezuela
2009	6. V Cumbre Extraordinaria del ALBA	Cumaná, Venezuela
	7. VI Cumbre Extraordinaria del ALBA	Maracay, Venezuela
	8. Reunión Extraordinaria del ALBA	Managua, Nicaragua
	9. VII Cumbre Extraordinaria del ALBA	Cochabamba, Bolivia
	10. VIII Cumbre Extraordinaria del ALBA	La Habana, Cuba
2010	11. IX Cumbre ALBA	Caracas, Venezuela
	12. X Cumbre ALBA	Otavalo, Ecuador

2. Documentos oficiales

2.1. Acuerdo entre el Presidente de la República Bolivariana de Venezuela y el Presidente del Consejo de Estado de Cuba, para la aplicación de la Alternativa Bolivariana para las Américas

De una parte, el presidente Hugo Chávez Frías, en nombre de la República Bolivariana de Venezuela, y de la otra, el Presidente del Consejo de Estado, Fidel Castro Ruiz, en nombre de la República de Cuba, reunidos en la ciudad de La Habana el 14 de diciembre del 2004, en ocasión de celebrarse el 180 aniversario de la gloriosa victoria de Ayacucho y de la Convocatoria al Congreso Anfictiónico de Panamá, han considerado ampliar y modificar el Convenio Integral de Cooperación entre Cuba y Venezuela, suscrito en fecha 30 de octubre del año 2000. Con este objetivo se ha decidido firmar el presente acuerdo al cumplirse en esta fecha diez años del encuentro del presidente Hugo Chávez con el pueblo cubano.

Artículo 1: Los gobiernos de Venezuela y Cuba han decidido dar pasos concretos hacia el proceso de integración basada en los principios contenidos en la Declaración Conjunta suscrita en esta fecha entre la República Bolivariana de Venezuela y la República de Cuba.

Artículo 2: Habiéndose consolidado el proceso bolivariano tras la decisiva victoria en el Referéndum Revocatorio del 15 de agosto del 2004 y en las elecciones regionales del 31 de octubre del 2004 y estando Cuba en posibilidades de garantizar su desarrollo sostenible, la cooperación entre la República de Cuba y la República Bolivariana de Venezuela se basará a partir de esta fecha no sólo en principios de solidaridad, que siempre estarán presentes, sino también, en el mayor grado posible, en el intercambio de bienes y servicios que resulten más beneficiosos para las necesidades económicas y sociales de ambos países.

Artículo 3: Ambos países elaborarán un plan estratégico para garantizar la más beneficiosa complementación productiva sobre bases de racionalidad, aprovechamiento de ventajas existentes en una y otra parte, ahorro de recursos, ampliación del empleo útil, acceso a mercados u otra consideración sustentada en una verdadera solidaridad que potencie las fuerzas de ambas partes.

Artículo 4: Ambos países intercambiarán paquetes tecnológicos integrales desarrollados por las partes, en áreas de interés común, que serán facilitados para su utilización y aprovechamiento, basados en principios de mutuo beneficio.

Artículo 5: Ambas partes trabajarán de conjunto, en coordinación con otros países latinoamericanos, para eliminar el analfabetismo en terceros países, utilizando métodos de aplicación masiva de probada y rápida eficacia, puestos en práctica exitosamente en la República Bolivariana de Venezuela. Igualmente colaborarán en programas de salud para terceros países.

Artículo 6: Ambas partes acuerdan ejecutar inversiones de interés mutuo en iguales condiciones que las realizadas por entidades nacionales. Estas inversiones pueden adoptar la forma de empresas mixtas, producciones cooperadas, proyectos de administración conjunta y otras modalidades de asociación que decidan establecer.

Artículo 7: Ambas partes podrán acordar la apertura de subsidiarias de bancos de propiedad estatal de un país en el territorio nacional del otro país.

Artículo 8: Para facilitar los pagos y cobros correspondientes a transacciones comerciales y financieras entre ambos países, se acuerda la concertación de un Convenio de Crédito Recíproco entre las instituciones bancarias designadas a estos efectos por los gobiernos.

Artículo 9: Ambos gobiernos admiten la posibilidad de practicar el comercio compensado en la medida que esto resulte mutuamente conveniente para ampliar y profundizar el intercambio comercial.

Artículo 10: Ambos gobiernos impulsarán el desarrollo de planes culturales conjuntos que tengan en cuenta las características particulares de las distintas regiones y la identidad cultural de los dos pueblos.

Artículo 11: Al concertar el presente Acuerdo, se han tenido en cuenta las asimetrías políticas, sociales, económicas y jurídicas entre ambos países. Cuba, a lo largo de más de cuatro décadas, ha creado mecanismos para resistir el bloqueo y la constante agresión económica, que le permiten una gran flexibilidad en sus relaciones económicas y comerciales con el resto del mundo. Venezuela, por su parte, es miembro de instituciones internacionales a las que Cuba no pertenece, todo lo cual debe ser considerado al aplicar el principio de reciprocidad en los acuerdos comerciales y financieros que se concreten entre ambas naciones.

Artículo 12: En consecuencia, Cuba propuso la adopción de una serie de medidas encaminadas a profundizar la integración entre ambos países y como expresión del espíritu de la declaración conjunta suscrita en esta fecha sobre la Alternativa Bolivariana para las Américas. Considerando los sólidos argumentos expuestos por la parte cubana y su alta conveniencia como ejemplo de la integración y la unidad económica a que aspiramos, esta propuesta fue comprendida y aceptada por la parte venezolana de forma fraternal y amistosa, como un gesto constructivo que expresa la gran confianza recíproca que existe entre ambos países.

Las acciones propuestas por parte de Cuba son las siguientes:

1ro: La República de Cuba elimina de modo inmediato los aranceles o cualquier tipo de barrera no arancelaria aplicable a todas las importaciones hechas por Cuba cuyo origen sea la República Bolivariana de Venezuela.

2do: Se exime de impuestos sobre utilidades a toda inversión estatal y de empresas mixtas venezolanas e incluso de capital privado venezolano en Cuba, durante el periodo de recuperación de la inversión.

3ro: Cuba concede a los barcos de bandera venezolana el mismo trato que a los barcos de bandera cubana en todas las operaciones que efectúen en puertos cubanos, como parte de las relaciones de intercambio y colaboración entre ambos países, o entre Cuba y otros países, así como la posibilidad de participar en servicios de cabotaje entre puertos cubanos, en iguales condiciones que los barcos de bandera cubana.

4to: Cuba otorga a las líneas aéreas venezolanas las mismas facilidades de que disponen las líneas aéreas cubanas en cuanto a la transportación de pasajeros y carga a y desde Cuba y la utilización de servicios aeroportuarios, instalaciones o cualquier otro tipo de facilidad, así como en la transportación interna de pasajeros y carga en el territorio cubano.

5to: El precio del petróleo exportado por Venezuela a Cuba será fijado sobre la base de los precios del mercado internacional, según lo estipulado en el actual Acuerdo de Caracas vigente entre ambos países. No obstante, teniendo en cuenta la tradicional volatilidad de los precios del petróleo, que en ocasiones han hecho caer el precio del petróleo venezolano por debajo de 12 dólares el barril, Cuba ofrece a Venezuela un precio de garantía no inferior a 27 dólares por barril, siempre de conformidad con los compromisos asumidos por Venezuela dentro de la Organización de Países Exportadores de Petróleo.

6to: Con relación a las inversiones de entidades estatales venezolanas en Cuba, la parte cubana elimina cualquier restricción a la posibilidad de que tales inversiones puedan ser 100% propiedad del inversor estatal venezolano.

7mo: Cuba ofrece 2.000 becas anuales a jóvenes venezolanos para la realización de estudios superiores en cualquier área que pueda ser de interés para la República Bolivariana de Venezuela, incluidas las áreas de investigación científica.

8vo: Las importaciones de bienes y servicios procedentes de Cuba podrán ser pagadas con productos venezolanos en la moneda nacional de Venezuela o en otras monedas mutuamente aceptables.

9no: Con relación a las actividades deportivas que tanto auge han tomado en Venezuela con el proceso bolivariano, Cuba ofrece el uso de sus instalaciones y equipos para controles antidopaje, en las mismas condiciones que se otorgan a los deportistas cubanos.

10mo: En el sector de la educación, el intercambio y la colaboración se extenderán a la asistencia en métodos, programas y técnicas del proceso docente-educativo que sean de interés para la parte venezolana.

11no: Cuba pone a disposición de la Universidad Bolivariana el apoyo de más de 15.000 profesionales de la medicina que participan en la Misión Barrio Adentro, para la formación de cuantos médicos integrales y especialistas de la salud, incluso candidatos a títulos científicos, necesite Venezuela, y a cuantos alumnos de la Misión Sucre deseen estudiar Medicina y posteriormente graduarse como médicos generales integrales, los que en conjunto podrían llegar a ser decenas de miles en un periodo no mayor de 10 años.

12vo: Los servicios integrales de salud ofrecidos por Cuba a la población que es atendida por la Misión Barrio Adentro y que asciende a más de 15 millones de personas, serán brindados en condiciones y términos económicos altamente preferenciales que deberán ser mutuamente acordados.

13vo: Cuba facilitará la consolidación de productos turísticos multidestino procedentes de Venezuela sin recargos fiscales o restricciones de otro tipo.

Artículo 13: La República Bolivariana de Venezuela, por su parte, propuso las siguientes acciones orientadas hacia los mismos fines proclamados en el Artículo 12 del presente acuerdo.

1ro: Transferencia de tecnología propia en el sector energético.

2do: La República Bolivariana de Venezuela elimina de manera inmediata cualquier tipo de barrera no arancelaria a todas las importaciones hechas por Venezuela cuyo origen sea la República de Cuba.

3ro: Se exime de impuestos sobre utilidades a toda inversión estatal y de empresas mixtas cubanas en Venezuela durante el periodo de recuperación de la inversión.

4to: Venezuela ofrece las becas que Cuba necesite para estudios en el sector energético u otros que sean de interés para la República de Cuba, incluidas las áreas de investigación y científica.

5to: Financiamiento de proyectos productivos y de infraestructura, entre otros, sector energético, industria eléctrica, asfaltado de vías y otros proyectos de vialidad, desarrollo portuario, acueductos y alcantarillados, sector agroindustrial y de servicios.

6to: Incentivos fiscales a proyectos de interés estratégico para la economía.

7mo: Facilidades preferenciales a naves y aeronaves de bandera cubana en territorio venezolano dentro de los límites que su legislación le permite.

8vo: Consolidación de productos turísticos multidestino procedentes de Cuba sin recargos fiscales o restricciones de otro tipo.

9no: Venezuela pone a disposición de Cuba su infraestructura y equipos de transporte aéreo y marítimo sobre bases preferenciales para apoyar los planes de desarrollo económico y social de la República de Cuba.

10mo: Facilidades para que puedan establecerse empresas mixtas de capital cubano para la transformación, aguas abajo, de materias primas.

11no: Colaboración con Cuba en estudios de investigación de la biodiversidad.

12vo: Participación de Cuba en la consolidación de núcleos endógenos binacionales.

13vo: Venezuela desarrollará convenios con Cuba en la esfera de las telecomunicaciones, incluyendo el uso de satélites.

La Habana, Cuba, 14 diciembre de 2004

Disponible en línea: www.alianzabolivariana.org

2.2. Declaración final de la primera reunión Cuba-Venezuela para la aplicación de la Alternativa Bolivariana para las Américas

Reunidos en La Habana, Cuba, los días 27 y 28 de abril de 2005, las delegaciones de Cuba y Venezuela inspiradas en la histórica Declaración Conjunta y el Acuerdo para la Aplicación de la Alternativa Bolivariana para las Américas (ALBA), firmada por el Presidente de la República Bolivariana de Venezuela, Hugo Chávez Frías, y el presidente de los Consejos de Estado y de Ministros de Cuba, Comandante en Jefe Fidel Castro Ruz, elaboraron y aprobaron en cumplimiento del artículo 3 de dicho Acuerdo el Plan Estratégico para la aplicación del ALBA. Este artículo establece que: "Ambos países elaborarán un plan estratégico para garantizar la más beneficiosa complementación productiva sobre bases de racionalidad, aprovechamiento de ventajas existentes en una y otra parte, ahorro de recursos, ampliación del empleo útil, acceso a mercados u otra consideración sustentada en una verdadera solidaridad que potencie las fuerzas de ambos países".

El Plan Estratégico acordado contempla entre las acciones de mayor relevancia las siguientes:

Inaugurar en el presente año en Venezuela, 600 Centros de Diagnóstico Integral; 600 Salas de Rehabilitación y Fisioterapia y 35 Centros de Alta Tecnología que brindarán servicios gratuitos de salud, de elevado nivel profesional a toda la población venezolana.

Formación en Venezuela de 40 mil médicos y 5 mil especialistas en Tecnología de la Salud, dentro del Programa Barrio Adentro II.

Formación en Cuba de 10 mil bachilleres egresados de la Misión Ribas en la carrera de Medicina y Enfermería, que estarán distribuidos por todos los policlínicos y hospitales del país, los que tendrán como residencia hogares de familias cubanas. Cuba continuará su contribución al desarrollo del Plan Barrio Adentro I y II, mediante el cual hasta 30 mil médicos cubanos y otros trabajadores de la Salud a lo largo y ancho de la geografía venezolana, estarán prestando sus servicios a fines del 2do. semestre de este año. Serán intervenidos quirúrgicamente este año en Cuba por distintas afectaciones de la visión, 100 mil venezolanos. Para ello, se han creado todas las condiciones en los centros de atención hospitalaria con los medios más modernos y sofisticados existentes y condiciones de vida para su estancia confortable. Asimismo, Cuba mantendrá su apoyo para contribuir al éxito de los Programas especiales Bolivarianos, entre ellos a:

La Misión Robinson I, mediante la cual próximamente Venezuela se declarará como el segundo territorio libre de analfabetismo en América, habiendo enseñado a leer y a escribir a un millón cuatrocientos seis mil venezolanos.

La Misión Robinson II, en la que se encuentran estudiando un millón doscientos sesenta y dos mil venezolanos, para alcanzar el Sexto Grado.

La Misión Ribas, que forma a bachilleres para darles acceso a los estudios universitarios, a jóvenes venezolanos a los que la Revolución Bolivariana les brinda esa oportunidad. Al respecto se promoverá el cumplimiento del Plan de Becas que Cuba ofrece.

La Misión Sucre para la universalización de la enseñanza superior.

La Misión Vuelvan Caras para la formación de obreros especializados y darles acceso a nuevas fuentes de empleo. En adición, ambos países trabajarán en el diseño de un proyecto continental para eliminar el analfabetismo en América Latina.

Se mantendrá la atención en Cuba de pacientes venezolanos. Estos alcanzaron al cierre del 2004 un nivel de 7.793 pacientes con 6.567 acompañantes, a los que se les prestó servicios altamente especializados, entre ellos cirugía cardiovascular, oftalmología, ortopedia, trasplantes de órganos y este año se programa que alcance la cifra de 3.000 pacientes y 2.500 acompañantes.

En el ámbito económico y comercial, el Plan Estratégico también comprende realizaciones concretas y proyectos que nos proponemos conjuntamente desarrollar en el futuro inmediato. En el día de hoy fue inaugurada, por los Presidentes de ambos países la Oficina de Petróleos de Venezuela SA en La Habana, PDVSA-Cuba, que tiene como objeto social la exploración y explotación, refinación, importación, exportación y comercialización de hidro-carburos y sus derivados, así como su transportación y almacenamiento.

Fue inaugurada una filial del Banco Industrial de Venezuela en La Habana, ciento por ciento venezolana y fue aprobada la apertura de una filial del Banco Exterior de Cuba en Caracas, ciento por ciento cubana. Ambas instituciones estatales harán una notable contribución al incremento sostenido de las relaciones económicas y el comercio bilateral, que ya comienzan a materializarse.

Fue celebrada la III Reunión de la Comisión Administradora del Acuerdo de Complementación Económica, acordándose otorgar preferencias arancela-rias a 104 nuevos renglones de exportación de Cuba y un cronograma de desgravación progresiva, tanto para estos como para las preferencias ya existentes. En todos los ca-sos se tuvieron en cuenta los compromisos de Venezuela, consagrados en el Acuerdo de la Comunidad Andina de Naciones y el MERCOSUR.

Por su parte, Cuba emitió la Resolución Conjunta No. 6 de los Ministerios de Finanzas y Precios y Comercio Exterior, eximiendo del pago de los derechos de Aduana a las importaciones, cuyo origen sea la República Bolivariana de Venezuela. También fueron emitidas por Cuba las

Resoluciones No. 26 y 27 del Ministerio de Finanzas y
Precios, que eximen del pago de impuestos sobre utilidades a las empresas propietarias o poseedoras de barcos de
bandera venezolana, que participen en la transportación de
pasajeros y carga en el territorio nacional y del pago de los
derechos de tonelaje de los barcos de pabellón venezolano,
que arriben a puerto cubano procedentes del extranjero.

Cuba adquirirá la suma inicial de 412 millones de
dólares en productos venezolanos con fines productivos,
así como productos elaborados para uso social o para
el consumo directo de la población, lo cual tendrá un
efecto positivo en la generación de empleo en Venezuela,
propiciando la creación de unos 100.000 nuevos puestos
de trabajo.

Estos productos se ofertarán en el mercado cubano,
con un tratamiento preferencial dentro de la política de
desarrollo económico y social y de elevación de la calidad
de vida del pueblo cubano.

En el proceso de preparación de esta primera reunión
del ALBA ambas delegaciones identificaron además 11
proyectos para el establecimiento de Empresas Mixtas y
otras modalidades de complementación económica en
Cuba y Venezuela que en forma progresiva se formaliza-
rán a partir de que los estudios en progreso comprueben
su viabilidad económica. Al respecto, en la tarde de hoy
fueron firmados los siguientes acuerdos:

Memorando de entendimiento para el establecimiento
de una alianza estratégica para el desarrollo siderúrgico de
Venezuela y para la concertación de una empresa binacional
orientada a la recuperación de materias primas.

Cartas de intención para la constitución de un negocio
conjunto dirigido al mejoramiento de la infraestructura
ferroviaria de ambos países; fomento de la integración
en el área de transporte marítimo; constitución de una
empresa binacional para promover el desarrollo agrícola;

ampliación de la base de supertanqueros en Matanzas; creación de una alianza estratégica conjunta con el fin de desarrollar proyectos mineros de níquel y cobalto en las regiones de Aragua, Carabobo y Cojedes; reparación y construcción de embarcaciones; creación de una empresa mixta cubano venezolana para la producción de artículos deportivos y otra para la transportación de combustible.

Asimismo se acordó trabajar en la organización y ejecución de 9 proyectos de desarrollo endógeno en ambos países, entre ellos:

Proyecto de Desarrollo Endógeno en el Estado Barinas; "Hato Caucagua", en el Estado de Apure; Hotel Sheraton, Meliá Miramar y Escuela de Turismo en el Estado Vargas; Fundo Zamorano "Santa Rita" en el Estado Apure y Ciudad Vacacional de los Caracas, Estado Vargas.

En Cuba se desarrollarán proyectos endógenos en el Instituto Superior de Ciencias Agropecuarias de La Habana, ISCAH, donde se formarán junto a jóvenes cubanos miles de especialistas y profesionales del sector agropecuario venezolano y en las Comunidades Bolívar, Sandino y Martí, en el municipio Sandino, en la provincia de Pinar del Río.

Entre otros documentos firmados luego de dos intensas jornadas se destacan:

Tres Acuerdos entre el Gobierno de la República Bolivariana de Venezuela y el Gobierno de la República de Cuba, relativos a transporte aéreo, transporte marítimo y a la constitución y explotación de un astillero de reparación naval y construcción de pequeñas unidades navales.

Acuerdos Bilaterales en materia de sanidad vegetal y salud animal.

Acuerdos, contratos marcos y memorando de entendimiento en Turismo, Informática y Comunicaciones, Transporte, Comunicación e Información, Educación y Deportes, Biodiversidad, Medio Ambiente, Ciencia y Tecnología, Recursos Hidráulicos y Construcción.

Memorando de entendimiento entre los Ministerios de Económica Popular, y de Industrias Ligeras y Comercio de Venezuela y el Ministerio del Comercio Interior de Cuba.

Acuerdo Marco, contratos de compraventa de crudo y de almacenamiento de petróleo crudo y sus derivados y cartas de intención para la rehabilitación de la Refinería de Cienfuegos y para transferencia de tecnología, entre PDVSA y CUPET.

Acuerdo Marco de colaboración en la esfera de la Industria Eléctrica y de cooperación en el sector energético.

Acuerdo internacional para la construcción entre el Ministerio de Hábitat y Vivienda de Venezuela y el Ministerio de la Construcción de Cuba.

Acuerdos en materia de aeronáutica civil. Acuerdo para la convocatoria de los Primeros Juegos Deportivos de Integración Latinoamericana y Caribeña a realizarse en Cuba del 17 al 30 de junio del 2005. Acuerdo para la utilización por Venezuela del laboratorio antidoping de Cuba y comenzar la construcción de una instalación de este tipo en Venezuela.

Acuerdo Marco entre los Comités Organizadores de ambos países para la celebración en Venezuela del XVI Festival Mundial de la Juventud y los Estudiantes.

Acuerdos entre los Ministerios de Relaciones Exteriores de ambos países dirigidos a la difusión del ALBA en organismos internacionales, que incluye entre otras iniciativas su presentación en la Segunda Cumbre Sur a celebrarse en Qatar en Junio del 2005 y en la Reunión de Alto Nivel de la Asamblea General de las Naciones Unidas en septiembre del propio año. En resumen entre acuerdos de gobierno, cartas de intención, memorandos de entendimiento, contratos y acuerdos marcos, se firmaron 49 documentos.

También como parte del Plan Estratégico se celebró en el mes de marzo en Caracas, el Primer Encuentro para

la integración Caribeña en el Sector Deporte con la participación de 10 países de Centroamérica y el Caribe.

En pesca y acuicultura fue formalizado un importante programa de cooperación bilateral y se realizará
en Venezuela la Primera Cumbre de Pesca y Acuicultura
Regional, entre el 15 y el 19 de mayo de este año.

Se acordó un programa de cooperación en materia
cultural que incluye entre otros, servicios editoriales, cine
y desarrollo de la discografía, y el estudio de la creación de
una empresa conjunta de industrias culturales.

Se han firmado contratos para el 2005 por 308 millones
de dólares, según lo acordado en la V Comisión Mixta y
que forman parte del ALBA.

Todos estos acuerdos incluyen acciones a desarrollar
e iniciativas que contribuirán progresivamente a fortalecer
el proceso de integración inspirada en el ALBA que llegará
a constituirse en un ejemplo, al que aspiramos incorporar
a la América Latina y el Caribe.

Debemos expresar que este Plan Estratégico es un
instrumento flexible que continuará ampliándose y enri-
queciéndose en la misma medida en que surjan nuevas
propuestas que cumplan los objetivos consagrados en la
Declaración Conjunta y el Acuerdo para la aplicación del
ALBA.

Ante el privilegio histórico de hacer pública esta
Declaración Final en presencia del Presidente Hugo Chávez
y del Comandante en Jefe Fidel Castro, ambas delegaciones
hacen formal compromiso de no escatimar esfuerzos hasta
alcanzar el sueño de Bolívar y Martí de una América Latina
y el Caribe, unida e integrada.

Tal como expresa la Declaración Conjunta, "coinci-
dimos plenamente en que el ALBA no se hará realidad
con criterios mercantilistas ni intereses egoístas de ganancia empresarial o beneficio nacional en perjuicio de
otros pueblos. Solo una amplia visión latinoamericanista,

que reconozca la imposibilidad de que nuestros países se desarrollen y sean verdaderamente independientes de forma aislada, será capaz de lograr lo que Bolívar llamó 'ver formar en América la más grande nación del mundo, menos por su extensión y riqueza que por su libertad y gloria', y que Martí concibiera como la 'América Nuestra', para diferenciarla de la otra América, expansionista y de apetitos imperiales".

José Martí en su memorable artículo en la revista *Patria* el 11 de junio de 1892 escribió: "A un plan obedece nuestro enemigo: de enconarnos, dispersarnos, dividirnos, ahogarnos. Por eso obedecemos nosotros a otro plan: enseñarnos en toda nuestra altura, apretarnos, juntarnos, burlarlo, hacer por fin a nuestra patria libre. Plan contra plan".

Este que aprobamos hoy es el de Bolívar y Martí.

¡Hasta la Victoria Siempre!

Delegaciones de Venezuela y Cuba

La Habana, Cuba, 28 de abril de 2005

Tomado de: www.alianzabolivariana.org

2.3. Acuerdo de cooperación energética PETROCARIBE

Los Jefes de Estado y/o de Gobierno reunidos en la ciudad de Puerto la Cruz, Venezuela, en el marco del Encuentro Energético para la creación de PETROCARIBE:

• HEMOS SALUDADO la iniciativa de la República Bolivariana de Venezuela orientada a la creación de PETROCARIBE, cuyo objetivo fundamental es contribuir a la seguridad energética, al desarrollo socio-económico y a la integración de los países del Caribe, mediante el empleo soberano de los recursos energéticos, todo esto basado en los principios de integración denominada Alternativa Bolivariana para América (ALBA);

• HEMOS RATIFICADO los compromisos asumidos en la Primera Reunión de Ministros de Energía del Caribe realizada en Caracas, Venezuela, el 10 de julio de 2004, así como en la Segunda Reunión de dichos Ministros sobre PETROCARIBE realizada en Montego Bay, Jamaica, los días 26 y 27 de agosto de 2004;

• HEMOS COINCIDIDO en que la integración es para los países de América Latina y el Caribe condición indispensable para aspirar al desarrollo en medio de la creciente formación de grandes bloques regionales que ocupan posiciones predominantes en la economía mundial;

• CONCLUIMOS que sólo una integración basada en la cooperación, la solidaridad y la voluntad común de avanzar hacia niveles más altos de desarrollo, puede satisfacer las necesidades y anhelos de los pueblos latinoamericanos y caribeños y, a la par, preservar su independencia, soberanía e identidad;

• REITERAMOS que PETROCARIBE tiene por objetivo contribuir a la transformación de las sociedades latinoamericanas y caribeñas, haciéndolas más justas, cultas, participativas y solidarias y que, por ello, está concebido como un proceso integral que promueve la eliminación de las desigualdades sociales y fomenta la calidad de vida y una participación efectiva de los pueblos en la conformación de su propio destino;

• RECONOCEMOS la necesidad de adoptar medidas en el contexto de PETROCARIBE sustentadas en un trato especial y diferenciado para los países de menor desarrollo relativo de América Latina y el Caribe, así como en la complementariedad y la cooperación entre las naciones de la Región;

• GARANTIZAMOS el pleno respeto de los principios de igualdad de los Estados, de soberanía, de no injerencia en los asuntos internos, en la libre determinación y el derecho de cada Nación a decidir libremente su sistema económico, político y social;

• PREOCUPADOS por las tendencias de la economía mundial y, particularmente, por las políticas y prácticas prevalecientes en los países industrializados que pueden conducir a una mayor marginación de los países del Tercer Mundo más pequeños y con economías más dependientes del exterior;

• EN VISTA de las circunstancias especiales de los países pobres y altamente endeudados, todos los términos y condiciones de los convenios de financiamiento aplicable se establecerán mediante conversaciones bilaterales con dichos países;

• RECONOCEMOS la importancia de Trinidad y Tobago como un país exportador de energía de los países del CARICOM como fuente confiable de suministro;

• HEMOS TOMADO EN CUENTA que en el contexto del orden económico internacional injusto, heredado del colonialismo y el imperialismo, e impuesto por los países desarrollados y ricos, la actual coyuntura energética mundial, caracterizada por el enorme despilfarro de las sociedades consumistas, la disminución de las capacidades disponibles de producción y la especulación, que

se traducen en el incremento de los precios de los hidrocarburos, afecta negativamente y de manera creciente el
desempeño económico, así como la situación social de los
países del Caribe. En la mayoría de los casos las exportaciones de estos países se ven aún más afectadas por la caída
de los precios de sus productos, principalmente agrícolas,
como es el caso del azúcar, el banano y otros.

Tal situación plantea para los países del Caribe la necesidad de contar con formas de suministro energético seguras
y, en tales condiciones, que los precios no se conviertan en
obstáculo para su desarrollo. Por tales razones, los Jefes de
Estado y/o de Gobierno hemos decidido suscribir el presente
ACUERDO,

Para cuya ejecución se decide la inmediata creación
de PETROCARIBE como órgano habilitador de políticas y
planes energéticos, dirigido a la integración de los pueblos
caribeños, mediante el uso soberano de los recursos naturales
energéticos en beneficio directo de sus pueblos. En tal sentido, PETROCARIBE se encargará de coordinar y gestionar lo
relativo a las relaciones energéticas en los países signatarios,
de conformidad con lo establecido en el presente Acuerdo.

Con el fin de garantizar el logro de los objetivos y dado
el dinamismo y la complejidad de la materia energética,
PETROCARIBE nace como una organización capaz de
asegurar la coordinación y articulación de las políticas de
energía, incluyendo petróleo y sus derivados, gas, electricidad, uso eficiente de la misma, cooperación tecnológica,
capacitación, desarrollo de infraestructura energética, así
como el aprovechamiento de fuentes alternas, tales como
la energía eólica, solar y otras.

I. PLATAFORMA INSTITUCIONAL

PETROCARIBE contará, para el logro de sus propósitos,
con un Consejo Ministerial integrado por los Ministros de
Energía o sus equivalentes y cuyas funciones serán:

• Coordinar las políticas, estrategias y planes correspondientes;

• Delegar funciones y responsabilidades en los órganos que se constituyan para el cumplimiento de tareas específicas, cuando sea necesario;

• Acordar y aprobar los tópicos de interés prioritario para la organización, así como los estudios, talleres y mesas de trabajo que provean el soporte técnico y jurídico de los mismos;

• Ejercer la máxima instancia de rendición de cuentas en relación con la gestión de la Secretaría Ejecutiva;

• Acordar el ingreso de nuevos miembros y las desincorporaciones a las que hubiere lugar;

El Consejo Ministerial designará un Presidente y un Suplente, quienes convocarán y dirigirán las reuniones. Se reunirá normalmente una vez al año y lo hará de manera extraordinaria tantas veces como sea necesario.

PETROCARIBE dispondrá también de una Secretaría Ejecutiva que será ejercida por el Ministerio de Energía y Petróleo de la República Bolivariana de Venezuela, cuyas funciones serán las siguientes:

• Preparar las agendas para las reuniones del Consejo Ministerial;

• Gerenciar y administrar directamente los asuntos de PETROCARIBE;

• Asegurar la ejecución y realizar el seguimiento de las decisiones adoptadas en el Consejo Ministerial, así como someter los informes y recomendaciones correspondientes;

• Establecer la prioridad de los estudios y proyectos definidos por el Consejo Ministerial;

• Proponer al Consejo Ministerial la asignación de recursos para la conducción de los estudios que sean necesarios.

II. FONDO ALBA CARIBE PARA EL DESARROLLO ECONÓMICO Y SOCIAL

Para contribuir con el desarrollo económico y social de los países del Caribe, PETROCARIBE dispondrá de un Fondo destinado al financiamiento de programas sociales y económicos, con aportes provenientes de instrumentos financieros y no financieros; contribuciones que se puedan acordar de la porción financiada de la factura petrolera y los ahorros producidos por el comercio directo.

Este Fondo se denominará ALBA-CARIBE.

Con el propósito de activar el Fondo ALBA CARIBE, la República Bolivariana de Venezuela aportará un capital inicial de Cincuenta Millones de Dólares Americanos (US$ 50.000.000,00).

III. ASPECTOS OPERATIVOS

1. Con el fin de dar inicio a las operaciones, la empresa Petróleos de Venezuela (PDVSA) ha creado una filial de propósitos especiales bajo la denominación social PDV CARIBE.

2. Dicha filial comenzará sus operaciones disponiendo inmediatamente de capacidad de transporte suficiente para cubrir los compromisos de suministros.

3. Los fletes que resulten de estas operaciones se cobrarán al costo, lo cual representa un ahorro para los países signatarios del presente Acuerdo.

4. PDV CARIBE garantizará una relación directa, sin intermediación, en el suministro, lo cual generará un ahorro adicional para los países consumidores del Caribe.

5. A tal propósito, PDV CARIBE tendrá también la responsabilidad de organizar una red logística de buques, capacidades de almacenaje y terminales, incluyendo, donde sea posible, capacidad de refinación y distribución de combustibles y productos, dando prioridad a aquellos países con mayores necesidades.

6. Esta filial adoptará planes de formación destinados a fortalecer las capacidades profesionales y a promover el uso más limpio y racional de la energía convencional, su empleo eficiente y el de las energías renovables.

IV. MECANISMOS DE FINANCIAMIENTO Y COMPENSACIONES

1. Adicionalmente a los beneficios establecidos en el Acuerdo de San José y en el Acuerdo de Cooperación Energética de Caracas, la República Bolivariana de Venezuela extenderá facilidades a los países del Caribe de menor desarrollo relativo, sobre la base de las cuotas que se establezcan bilateralmente.

2. Financiamiento a largo plazo

PRECIO DEL BARRIL	PORCENTAJE A FINANCIAR
>=15 dólares por barril	5
>=20 dólares por barril	10
>=22 dólares por barril	15
>=24 dólares por barril	20
>=30 dólares por barril	25
>=40 dólares por barril	30
>=50 dólares por barril	40
>=100 dólares por barril	50

El periodo de gracia previsto en el ACEC para este financiamiento se extiende de uno a dos años.

3. Financiamiento a corto plazo

El pago a corto plazo se extiende de 30 a 90 días.

4. Pago Diferido

Se mantendrán las mismas bases del Acuerdo de Cooperación Energética de Caracas, 17 años, incluyendo los dos años de gracia señalados, en tanto el precio se mantenga por debajo de 40 dólares el barril.

Cuando el precio exceda los 40 dólares, el periodo de pago se extenderá a 25 años, incluyendo los dos años de gracia referidos, reduciendo el interés al 1%. Para el pago diferido, Venezuela podrá aceptar que parte del mismo se realice con bienes y servicios, por los que ofrecería precios preferenciales.

Los productos que Venezuela podría adquirir a precios preferenciales serían algunos como el azúcar, el banano u otros bienes o servicios que se determinen, afectados por políticas comerciales de los países ricos.

V. EFICIENCIA ENERGÉTICA

Un aspecto esencial del objetivo de PETROCARIBE será incorporar, junto a los acuerdos de suministro, programas de ahorro de energía. En ese sentido, PETROCARIBE puede gestionar créditos e intercambiar tecnologías para que los países beneficiados puedan desarrollar programas y sistemas altamente eficientes en términos de consumo energético y otros medios que les permitan reducir su consumo de petróleo y ampliar la prestación del servicio.

VI. LOS ACTORES

En el marco de PETROCARIBE se requerirá la existencia de entes estatales para la realización de las operaciones energéticas. Venezuela ofrece cooperación técnica para apoyar la constitución de entidades estatales en aquellos países donde no existan.

Suscrito en la Ciudad de Puerto la Cruz , República Bolivariana de Venezuela, en dos ejemplares originales redactados en idioma castellano e inglés, siendo ambos textos igualmente auténticos, el 29 de junio del año 2005 por:

Puerto de la Cruz, Venezuela, 29 de julio de 2005

Tomado de: www.alianzabolivariana.org

2.4. Acuerdo para la aplicación de la Alternativa Bolivariana para los pueblos de nuestra América y el Tratado de Comercio de los Pueblos

Los Presidentes Hugo Chávez Frías, en nombre de la República Bolivariana de Venezuela, Evo Morales Ayma, en nombre de la República de Bolivia y Fidel Castro Ruiz, en nombre de la República de Cuba, reunidos en la Ciudad de La Habana los días 28 y 29 de abril de 2006, deciden suscribir el presente Acuerdo para la construcción de la Alternativa Bolivariana para los Pueblos de Nuestra América (ALBA) y los Tratados de Comercio entre los Pueblos de nuestros tres países.

Disposiciones Generales

Artículo 1: Los gobiernos de las Repúblicas Bolivariana de Venezuela, de Bolivia y Cuba, han decidido dar pasos concretos hacia el proceso de integración, basados en los principios contenidos en la Declaración Conjunta suscrita el 14 de diciembre de 2004, entre la República Bolivariana de Venezuela y la República de Cuba, a los cuales se acoge y hace suyos el Gobierno de Bolivia.

Artículo 2: Los países elaborarán un plan estratégico para garantizar la más beneficiosa complementación productiva sobre bases de racionalidad, aprovechamiento de ventajas existentes en los países, ahorro de recursos, ampliación del empleo, acceso a mercados u otra consideración sustentada en una verdadera solidaridad que potencie nuestros pueblos.

Artículo 3: Los países intercambiarán paquetes tecnológicos integrales desarrollados en sus países por las partes, en áreas de interés común, que serán facilitados para su utilización y aprovechamiento, basados en principios de mutuo beneficio.

Artículo 4: Los países trabajarán en conjunto, en coordinación con otros países latinoamericanos, para eliminar el analfabetismo en esos países, utilizando métodos de aplicación masiva de probada y rápida eficacia, puestos en práctica exitosamente en la República Bolivariana de Venezuela.

Artículo 5: Las países acuerdan ejecutar inversiones de interés mutuo que pueden adoptar la forma de empresas públicas, binacionales, mixtas, cooperativas, proyectos de administración conjunta y otras modalidades de asociación que decidan establecer. Se priorizarán las iniciativas que fortalezcan las capacidades de inclusión social, la industrialización de los recursos, la seguridad alimentaria, en el marco del respeto y la preservación del medio ambiente.

Artículo 6: En los casos de empresas binacionales o trinacionales de connotación estratégica, las partes harán lo posible, siempre que la naturaleza y costo de la inversión lo permitan, para que el país sede posea al menos el 51 % de las acciones.

Artículo 7: Los países podrán acordar la apertura de subsidiarias de bancos de propiedad estatal de un país en el territorio nacional de otro país.

Artículo 8: Para facilitar los pagos y cobros correspondientes a transacciones comerciales y financieras entre los países, se acuerda la concertación de Convenios de Crédito Recíproco entre las instituciones bancarias designadas a estos efectos por los gobiernos.

Artículo 9: Los gobiernos podrán practicar mecanismos de compensación comercial de bienes y servicios en la medida que esto resulte mutuamente conveniente para ampliar y profundizar el intercambio comercial.

Artículo 10: Los gobiernos impulsarán el desarrollo de planes culturales conjuntos que tengan en cuenta las características particulares de las distintas regiones y la identidad cultural de los pueblos.

Artículo 11: Los gobiernos Partes profundizarán la cooperación en el tema comunicacional, tomando las acciones necesarias para fortalecer sus capacidades a niveles de infraestructura en materia de transmisión, distribución, telecomunicación, entre otros; así como a nivel de capacidades de producción de contenidos informativos, culturales y educativos. En este sentido, los gobiernos continuarán apoyando el espacio comunicacional de integración conquistado en TeleSur, fortaleciendo su distribución en nuestros países, así como sus capacidades de producción de contenido.

Artículo 12: Los gobiernos de Venezuela y Cuba reconocen las especiales necesidades de Bolivia como resultado de la explotación y el saqueo de sus recursos naturales durante siglos de dominio colonial y neocolonial.

Artículo 13: Las Partes intercambiarán conocimientos en materia científico-técnica con el objeto de contribuir al desarrollo económico y social de los tres países.

Artículo 14: En consideración a todo lo anterior, el Gobierno de la República de Cuba, el Gobierno de la República Bolivariana de Venezuela y el Gobierno de la República de Bolivia, deciden ejecutar las siguientes acciones:

Acciones a desarrollar por Cuba en sus relaciones con Bolivia en el marco del ALBA y el TCP
PRIMERO: Crear una entidad cubano-boliviana no lucrativa que garantice la operación oftalmológica de calidad y gratuita a todos aquellos ciudadanos de Bolivia que carezcan de los recursos económicos necesarios para sufragar los altísimos precios de estos servicios, evitando con ello que cada año decenas de miles de bolivianos pobres pierdan la vista o sufran limitaciones serias y muchas veces invalidantes en su función visual.

SEGUNDO: Cuba aportará equipamiento de la más alta tecnología y los especialistas oftalmológicos requeridos en la etapa inicial, los que, con el apoyo de jóvenes médicos bolivianos formados en la Escuela Latinoamericana de Ciencias Médicas (ELAM) en calidad de residentes, u otros médicos y residentes bolivianos o procedentes de otros países, ofrecerán atención esmerada a los pacientes bolivianos.

TERCERO: Cuba sufragará los salarios del personal cubano médico especializado en oftalmología en el marco de las presentes acciones.

CUARTO: Bolivia garantizará las instalaciones necesarias para brindar el servicio, que podrán ser edificios de uso médico, o adaptados a estos fines. Cuba elevará a seis en lugar de tres ofrecidos en el Acuerdo Bilateral firmado el 30 de diciembre del pasado año, el número de centros oftalmológicos donados.

QUINTO: Los seis centros estarían ubicados en La Paz, Cochabamba, Santa Cruz, Sucre, Potosí y la localidad de Copacabana del Departamento de La Paz. Los seis tendrán capacidad para operar de conjunto no menos de 100 mil personas cada año. Tales capacidades podrán elevarse si fuera necesario.

SEXTO: Cuba ratifica a Bolivia la oferta de 5 mil becas para la formación de médicos y especialistas en Medicina General Integral u otras áreas de las Ciencias Médicas: 2000 en el primer trimestre del 2006, que ya están recibiendo preparación básica en Cuba; 2000 en el segundo semestre del presente año, y 1000 en el primer trimestre del 2007. En los años subsiguientes se irá renovando el cupo establecido con nuevos ingresos. Se incluyen en estos nuevos becados parte de los 500 jóvenes bolivianos que ya venían realizando sus estudios de Medicina en Facultades de Ciencias Médicas cubanas.

SÉPTIMO: Cuba mantendrá en Bolivia por el tiempo que ese hermano país lo considere necesario los 600 especialistas médicos que viajaron a Bolivia con motivo del grave desastre natural ocurrido en enero de este año, que afectó a todos los departamentos bolivianos. De igual modo, donará los 20 hospitales de campaña con servicios de cirugía, terapia intensiva, atención de urgencia a los afectados por accidentes cardiovasculares, laboratorios y otros recursos médicos, enviados con motivo del mencionado desastre con destino a las áreas más afectadas.

OCTAVO: Cuba continuará aportando a Bolivia la experiencia, el material didáctico y los medios técnicos necesarios para el programa de alfabetización en cuatro idiomas: español, aymara, quechua y guaraní, que puede ofrecer a la totalidad de la población necesitada.

NOVENO: En el sector de la educación, el intercambio y la colaboración se extenderán a la asistencia en métodos, programas y técnicas del proceso docente-educativo que sean de interés para la parte boliviana.

DÉCIMO: Cuba transmitirá a Bolivia sus experiencias en materia de ahorro de energía y cooperará con este país en un programa de ahorro de energía que podrá reportarle importantes recursos en divisas convertibles.

UNDÉCIMO: Se exime de impuestos sobre utilidades a toda inversión estatal y de empresas mixtas bolivianas e incluso de capital privado boliviano en Cuba, durante el periodo de recuperación de la inversión.

DUODÉCIMO: Cuba otorga a las líneas aéreas bolivianas las mismas facilidades de que disponen las líneas aéreas cubanas en cuanto a la transportación de pasajeros y carga a y desde Cuba y la utilización de servicios aeroportuarios, instalaciones o cualquier otro tipo de facilidad, así como en la transportación interna de pasajeros y carga en el territorio cubano.

DÉCIMO TERCERO: Las exportaciones de bienes y servicios procedentes de Cuba podrán ser pagadas con productos bolivianos, en la moneda nacional de Bolivia o en otras monedas mutuamente convenidas.

Acciones a desarrollar por Venezuela en sus relaciones con Bolivia en el marco del ALBA y el TCP

PRIMERO: Venezuela promoverá una amplia colaboración en el sector energético y minero que incluirá: el fortalecimiento institucional del Ministerio de Hidrocarburos y Energía y del Ministerio de Minería y Metalurgia de Bolivia, a través de la asistencia técnico-jurídica; ampliación del suministro de crudos, productos refinados, GLP y asfalto, contemplados en el Acuerdo de Cooperación Energética de Caracas, hasta los volúmenes requeridos para satisfacer la demanda interna de Bolivia, estableciendo mecanismos de compensación con productos bolivianos para la total cancelación de la factura por estos conceptos; asistencia técnica a Yacimientos Petrolíferos Fiscales Bolivianos (YPFB) y COMIBOL; desarrollo de proyectos de adecuación y ampliación de infraestructuras y petroquímicos, siderúrgicos, químico – industriales, así como otras formas de cooperación que las partes acuerden.

SEGUNDO: Se exime de impuestos sobre utilidades a toda inversión estatal y de empresas mixtas bolivianas en Venezuela durante el periodo de recuperación de la inversión.

TERCERO: Venezuela ratifica la oferta de 5000 becas para estudios en diferentes áreas de interés para el desarrollo productivo y social de la República de Bolivia.

CUARTO: Venezuela creará un fondo especial de hasta 100 millones de dólares para el financiamiento de proyectos productivos y de infraestructuras

QUINTO: Venezuela donará treinta millones de dólares para atender necesidades de carácter social y productivo del pueblo boliviano según determine su Gobierno.

SEXTO: Venezuela donará asfalto y planta de mezclado de asfalto que contribuya al mantenimiento y construcción de caminos.

SÉPTIMO: Venezuela incrementará notablemente las importaciones de productos bolivianos, especialmente aquellos que contribuyan a elevar sus reservas estratégicas de alimentos.

OCTAVO: Venezuela otorgará incentivos fiscales en su territorio a proyectos de interés estratégico para Bolivia.

NOVENO: Venezuela otorgará facilidades preferenciales a aeronaves de bandera boliviana en territorio venezolano dentro de los límites que su legislación le permite.

DÉCIMO: Venezuela pone a disposición de Bolivia su infraestructura y equipos de transporte aéreo y marítimo de manera preferencial para apoyar los planes de desarrollo económico y social de la República de Bolivia.

UNDÉCIMO: Venezuela otorgará facilidades para que empresas bolivianas públicas o mixtas puedan establecerse para la transformación, aguas abajo, de materias primas.

DUODÉCIMO: Venezuela colaborará con Bolivia en estudios de investigación de la biodiversidad.

DÉCIMO TERCERO: Venezuela apoyará la participación de Bolivia en la promoción de núcleos de desarrollo endógenos transmitiendo la experiencia de la Misión Vuelvan Caras.

DÉCIMO CUARTO: Venezuela desarrollará convenios con Bolivia en la esfera de las telecomunicaciones, que podría incluir el uso de satélites.

Acciones a desarrollar por Bolivia en sus relaciones
con Cuba y Venezuela en el marco del ALBA y el TCP
PRIMERO: Bolivia contribuirá con la exportación de sus productos mineros, agrícolas, agroindustriales, pecuarios e industriales que sean requeridos por Cuba o Venezuela.

SEGUNDO: Bolivia contribuirá a la seguridad energética de nuestros países con su producción hidrocarburífera disponible excedentaria.

TERCERO: Bolivia eximirá de impuesto sobre utilidades a toda inversión estatal y de empresas mixtas que se formen entre Bolivia y los Estados de Venezuela y Cuba.

CUARTO: Bolivia proporcionará toda su experiencia en el estudio de los pueblos originarios tanto en la teoría como en la metodología investigativa.

QUINTO: Bolivia participará junto a los gobiernos de Venezuela y Cuba en el intercambio de experiencias para el estudio y recuperación de los conocimientos ancestrales de la medicina natural.

SEXTO: El gobierno de Bolivia participará activamente en el intercambio de experiencias para la investigación científica sobre los recursos naturales y de patrones genéticos agrícolas y ganaderos.

Acciones conjuntas a desarrollar por
Cuba y Venezuela en sus relaciones con
Bolivia en el marco del ALBA y el TCP
PRIMERO: Los gobiernos de la República Bolivariana de Venezuela y la República de Cuba eliminan de modo inmediato los aranceles o cualquier tipo de barrera no arancelaria aplicable a todas las importaciones del universo arancelario hechas por Cuba y Venezuela, que sean procedentes de la República de Bolivia.

SEGUNDO: Los gobiernos de la República Bolivariana de Venezuela y la República de Cuba garantizan a Bolivia la compra de las cantidades de productos de la cadena oleaginosa y otros productos agrícolas e industriales exportados por Bolivia, que pudieran quedar sin mercado como resultado de la aplicación de un Tratado o Tratados de Libre Comercio promovidos por el gobierno de Estados Unidos o gobiernos europeos.

TERCERO: Los gobiernos de Venezuela y Cuba ofrecen su colaboración financiera, técnica y de recursos humanos a Bolivia para el establecimiento de una línea aérea del Estado boliviano genuinamente nacional.

CUARTO: Los gobiernos de Venezuela y Cuba ofrecen a Bolivia su colaboración en el desarrollo del deporte, incluyendo las facilidades para la organización y participación en competencias deportivas y bases de entrenamiento en ambos países. Cuba ofrece el uso de sus instalaciones y equipos para controles antidopaje en las mismas condiciones que se otorgan a los deportistas cubanos.

QUINTO: Los Gobiernos de Cuba y Venezuela promoverán, en coordinación con Bolivia, las acciones que resulten necesarias para apoyar la justa demanda boliviana por la condonación, sin condicionamiento alguno, de su deuda externa, la cual constituye un serio obstáculo a la lucha de Bolivia contra la pobreza y la desigualdad.

Nuevas medidas de carácter económico y social podrán ser añadidas al presente Acuerdo entre las tres Partes firmantes.

Bolivia, Venezuela y Cuba lucharán por la unión e integración de los pueblos de América Latina y el Caribe.

Bolivia, Venezuela y Cuba lucharán por la paz y la cooperación internacional.

La Habana, 29 de abril de 2006

Tomado de: www.alianzabolivariana.org

Relación de Autores

JOSETTE ALTMANN BORBÓN: Coordinadora Regional de Cooperación Internacional y Directora del Observatorio de la Integración Regional Latinoamericana (OIRLA) de la Secretaría General de FLACSO. Magíster Scientiae en Ciencias Políticas y Licenciada en Historia por la Universidad de Costa Rica. De 1990 a 1991 realizó cursos sobre Economía del Desarrollo en la Universidad de Harvard. Profesora en la Facultades de Ciencias Sociales y Educación de la Universidad de Costa Rica. Miembro de la Comisión de Estudios de Posgrado en Evaluación Educativa de la Universidad de Costa Rica. Ha dirigido proyectos relacionados con políticas públicas en el área social con la Organización Internacional del Trabajo (OIT) en los años 2000 hasta 2003, y con el gobierno de Costa Rica en los años 1994 hasta 1998. Ha publicado y colaborado en diversos libros, es autora de numerosos artículos publicados en revistas profesionales y académicas en diferentes regiones del mundo, y en periódicos costarricenses. Entre sus últimas publicaciones se destacan *Integración y Cohesión Social: Análisis desde América Latina e Iberoamérica* (compiladora), Serie FORO, FLACSO Sede Ecuador, Quito, Ecuador, 2009; "The Bolivarian Chavez effect: Worth a second look", en *Canada Watch. A Remakable Turning Point: Post.neoliberal Latin America and the Shadow of Obama*, The Robarts Centre for Canadian Studies at York University and FLACSO, Fall, 2010.

JOSÉ BRICEÑO RUÍZ: Es abogado egresado de la Universidad de los Andes (Mérida, Venezuela). Es titular de una Maestría en Relaciones Internacionales de la Universidad de Durham (Inglaterra) y un DEA en Ciencia Política Comparada del Instituto de Estudios Políticos de Aix-en-Provence-IEP Aix (Francia). Actualmente está cursando el Doctorado en Ciencia Política en el IEP Aix. Es profesor-investigador del Centro de Estudios de Fronteras e Integración (CEFI) de la Universidad de los Andes, en Venezuela. Ha sido investigador de Centro de Recherches sur l'Amérique Latine et Caraibes (CREALC) del IEP AIX (1999-2007) y del Centro de Estudios Latinoamericanos Rómulo Gallegos, Caracas (2005-2007). Es investigador invitado del Centro de Investigaciones Agroalimentarias (CIAAL) de la Universidad de los Andes, Mérida, Venezuela. Ha sido profesor invitado en el UNISA Center de la Universidad de Sudáfrica, la Universidad de Buenos Aires y el Postgrado de Relaciones Internacionales de la Universidad Federal de Rio Grande do Sul, Porto Alegre, Brasil. Sus temas de investigación son la integración regional, la integración latinoamericana en particular, y los estudios de política económica internacional. Ha sido ponente en diversos congresos internacionales y conferencista invitado sobre temas de integración en instituciones como la Universidad de Brasilia, el Instituto de Estudios Latinoamericanos de la Universidad de Estocolmo, el Instituto Max Planck de la Universidad de Heildelberg, la Universidad de las Américas en Puebla, México y la Universidad Aoyama Gaukin en Tokio. Ha sido editor de la publicación académica Aldea Mundo y actualmente es director de la revista Cuadernos sobre Relaciones Internacionales, Regionalismo y Desarrollo. Es autor de numerosos artículos sobre el tema de integración regional. Editor o co-editor de cinco libros, co-autor de dos libros y autor de dos libros, todos sobre integración regional. Sus dos últimos títulos son *Integración Latinoamericana,*

Proceso Históricos y realidades compradas, publicado por la Universidad de los Andes en 2007 y *Del regionalismo latinoamericano a la integración interregional,* compilación editada con Philippe de Lombaerde y Shigeru Kochi y publicada por Siglo XXI Madrid en 2008.

EUGENIO ESPINOSA: Es Investigador del Programa FLACSO-Cuba. Licenciado en Economía por la Universidad de La Habana. Doctor en Sociología por la Universidad de Brasilia. Doctor en Ciencias Sociales por la Sede Académica de FLACSO-Brasil. Doctor en Ciencias Sociológicas por la Universidad de La Habana. Profesor Titular en la Universidad de La Habana. Investigador Titular en la Universidad de La Habana. Profesor de Rango Regional en la Facultad Latinoamericana de Ciencias Sociales. Ha impartido cursos de pregrado y posgrado, nacionales e internacionales, en Diplomados, Maestrías y Doctorados en diversas asignaturas. Ha publicado más de 12 libros y más de 50 artículos en editoras cubanas y extranjeras.

JOSÉ ÁNGEL PÉREZ: Es Máster en Relaciones Políticas Internacionales en el Instituto Superior de Relaciones Internacionales "Raúl Roa García". La Habana, Cuba, titulado en el año 2002 y Máster en Relaciones Económicas Internacionales en el Instituto Superior de Relaciones Internacionales "Raúl Roa García" . La Habana, Cuba titulado en el año 2004. Licenciado en Economía Política en el Instituto Pedagógico Superior Enrique José Varona La Habana, Cuba en el año 1980. Es Profesor Auxiliar de Economía Política de la Universidad de La Habana, Cuba desde 1982. Profesor Auxiliar de Economía Política en la Escuela Superior del PCC Antonio "Ñico" López, Cuba entre 1992 y 1996. Investigador del Centro de Investigaciones de la Economía Mundial (CIEM) de Cuba desde 1996, especializado en temas económicos y políticos de Latinoamérica, el Caribe e integración. Profesor Auxiliar de postgrado del Instituto Internacional de Periodismo "José Martí" de Cuba desde el año 2001. Profesor de postgrado en el Instituto Superior de Relaciones Internacionales "Raúl Roa García" de Cuba desde el año 2003 con Categoría Docente de Profesor Titular Adjunto. Profesor invitado de la Oficina América de la Federación Sindical Mundial desde 1999 para impartir capacitación sindical en Cuba y el exterior. Obtuvo el Premio de la Academia de Ciencias de Cuba en 199 por el proyecto Cuba; ¿capitalismo o socialismo? en los albores del nuevo milenio. Tiene una mención en los Concursos Internacionales de Ensayo Pensar a Contracorriente de los años 2007 y 2010. Tiene una medalla por la Educación Cubana otorgada por el Consejo de Estado de la República de Cuba. Ha publicado 4 libros en calidad de autor y cinco libros en calidad de coautor.

FRANCISCO ROJAS ARAVENA: Secretario General de FLACSO. Doctor en Ciencias Políticas, Universidad de Utrecht, Holanda. Master en Ciencias Políticas, FLACSO. Especialista en Relaciones Internacionales y Seguridad Internacional. Secretario General de FLACSO, (2004-a la fecha). Director de FLACSO – Chile (1996-2004). Fue profesor en la Escuela de Relaciones Internacionales de la Universidad Nacional de Costa Rica (UNA). Fue profesor de la Universidad de Stanford en su campus de Santiago, Chile. Profesor invitado del Instituto de Estudios Internacionales de la Universidad de Chile y la Academia Diplomática "Andrés Bello", Chile. Como profesor Fulbright se desempeñó en el Latin American and Caribbean Center (LACC) en la Florida International University, Miami, Estados Unidos. Forma parte del Consejo Consultivo para América Latina del Open Society Institute (OSI) y de la Junta Directiva de la Fundación Equitas, en Chile. Ha efectuado trabajos de asesoría y consultoría para diversos organismos internacionales y gobiernos de la región. Es miembro de la Junta Directiva de Foreign Affairs en español, México, y de Pensamiento Iberoamericano, España. Autor y editor de más de medio centenar de libros. Sus últimos libros son: *Crisis Financiera. Construyendo una respuesta Política Latinoamericana. V Informe del Secretario General de FLACSO,* FLACSO Secretaría General, San José, Costa Rica, 2009; *América Latina y el Caribe: ¿fragmentación o convergencia? Experiencias recientes de la integración* (coeditor con Josette Altmann), FLACSO-Ecuador, Ministerio de Cultura, Fundación Carolina, Quito, 2008; y *Crimen Organizado en América Latina y el Caribe* (coeditor con Luis Guillermo Solís), Editorial Catalonia / FLACSO, Santiago, 2008. Sus artículos han sido publicados en revistas profesionales, científicas y académicas en diferentes países del mundo.

ANTONIO ROMERO: Director de Relaciones para la Integración y Cooperación de la Secretaría Permanente del SELA desde 2002. Fue director del Centro de Investigaciones de Economía Internacional (CIEI) de la Universidad de La Habana. Fue jefe del Programa Nacional de Ciencia y Técnica (PNCT) "Tendencias actuales de la economía internacional y del sistema de relaciones internacionales" en Cuba. Ha sido profesor y ha impartido conferencias, ciclos de conferencias y cursos de postgrado sobre economía internacional, desarrollo latinoamericano y caribeño y los retos de la reinserción internacional de la economía cubana en las numerosas universidades alrededor del mundo. Es Doctor en Ciencias Económicas, mención en Economía Internacional, en la Universidad de La Habana. Tiene una Maestría en "International Relations and Global Development", Institute of Social Studies (ISS), The Hague, Holland. En su trayectoria académica ha publicado más de 40 artículos en revistas nacionales e internacionales especializadas.